**保育の内容・方法を知る**

◆編集委員◆民秋　言・小田　豊・栃尾　勲・無藤　隆・矢藤誠慈郎

新 保育
ライブラリ

保育内容

# 表現【新版】

杉山貴洋・花原幹夫　編著

北大路書房

# 新版に向けて　編集委員のことば

　本シリーズは，平成29年3月に幼稚園教育要領，保育所保育指針，幼保連携型認定こども園教育・保育要領，さらに小学校学習指導要領が改訂（改定）されたことを受けて，その趣旨に合うように「新　保育ライブラリ」を書き改めたものです。また，それに伴い，幼稚園教諭，小学校教諭，保育士などの養成課程のカリキュラムも変更されているので，そのテキストとして使えるように各巻の趣旨を改めてあります。もっとも，かなり好評を得て，養成課程のテキストとして使用していただいているので，その講義などに役立っているところはできる限り保持しつつ，新たな時代の動きに合うようにしました。

　今，保育・幼児教育を囲む制度は大きく変わりつつあります。すでに子ども・子育て支援制度ができ，そこに一部の私立幼稚園を除き，すべての保育（幼児教育）施設が属するようになりました。保育料の無償化が始まり，子育て支援に役立てるだけではなく，いわば「無償教育」として幼児期の施設での教育（乳幼児期の専門的教育を「幼児教育」と呼ぶことが増えている）を位置づけ，小学校以上の教育の土台として重視するようになりました。それに伴い，要領・指針の改訂（改定）では基本的に幼稚園・保育所・幼保連携型認定こども園で共通の教育を行うこととされています。小学校との接続も強化され，しかし小学校教育の準備ではなく，幼児期に育んだ力を小学校教育に生かすという方向でカリキュラムを進めることとなっています。

　保育者の研修の拡充も進んでいます。より多くの保育者が外部での研修を受けられるようにし，さらにそれがそれぞれの保育者のキャリア形成に役立つようにするとともに，園の保育実践の改善へとつながるようにする努力と工夫が進められています。全国の自治体で幼児教育センターといったものを作って，現場の保育者の研修の支援をするやり方も増えています。まさに保育の専門家として保育者を位置づけるのみならず，常に学び，高度化していく存在として捉えるように変わってきたのです。

　そのスタートは当然ながら，養成課程にあります。大学・短大・専門学校での養成の工夫もそれぞれの教育だけではなく，組織的に進め，さらに全国団体

でもその工夫を広げていこうとしています。

　そうすると，そこで使われるテキストも指導のための工夫をすることや授業に使いやすくすること，できる限り最近の制度上，また実践上，さらに研究上の進展を反映させていかねばなりません。

　今回の本シリーズの改訂はそれをこそ目指しているのです。初歩的なところを確実に押さえながら，高度な知見へと発展させていくこと，また必ず実践現場で働くということを視野に置いてそこに案内していくことです。そして学生のみならず，現場の保育者などの研修にも使えるようにすることにも努力しています。養成課程でのテキストとして使いやすいという特徴を継承しながら，保育実践の高度化に見合う内容にするよう各巻の編集者・著者は工夫を凝らしました。

　本シリーズはそのニーズに応えるために企画され，改訂されています（新カリキュラムに対応させ，新たにシリーズに加えた巻もあります）。中心となる編集委員4名（民秋，小田，矢藤，無藤）が全体の構成や個別の巻の編集に責任を持っています。なお，今回より，矢藤誠慈郎教授（和洋女子大学）に参加していただいています。

　改めて本シリーズの特徴を述べると，次の通りです。第一に，実践と理論を結びつけていることです。実践事例を豊富に入れ込んでいます。同時に，理論的な意味づけを明確にするようにしました。第二に，養成校の授業で使いやすくしていることです。授業の補助として，必要な情報を確実に盛り込み，学生にとって学びやすい材料や説明としています。第三に，上記に説明したような国の方針や施策，また社会情勢の変化やさらに研究の新たな知見に対応させ，現場の保育に生かせるよう工夫してあります。

　実際にテキストとして授業で使い，また参考書として読まれることを願っています。ご感想・ご意見を頂戴し次の改訂に生かしていきたいと思います。

2019年12月　　編集委員を代表して　無藤　隆

# はじめに

　本書は，将来，保育士や幼稚園教諭など保育者として活躍しようとする学生に向けて保育内容「表現」に関する基礎的な理解をしてもらうためにつくられたものである。

　保育における子どもの表現は，その体験をすればするほど，子どもが自分らしくなっていく大切なものである。そのプロセスは，体やモノを媒介にして，または，混ざり合い押し出され，共感され育っていく。個と集団という関係においても，自分自身を理解するきっかけにもなり，個が集団の中で生かされ，集団も個と共に生かされるという相互作用の特性をもっている。そのため，本書では，保育における表現を，子どもの育ちということに重点を置いて考えていきたい。それぞれの章の概要は，以下の通りである。

　第1章では，表現の意義について考えていく。保育の基本と表現について，また，領域としての表現について，さらには，保育所保育指針と幼稚園教育要領における保育内容「表現」の位置づけについて示していく。また，保育内容「表現」のねらいと内容，および「表現」の歴史的な経緯についても述べていきたい。

　第2章では，子どもの発達と表現について考える。子どもの発達やその捉え方，表現の発達について述べていきたい。さらに，現代における子どもの表現についても考えていきたい。

　第3章では，子どもの表現をはぐくむための基本姿勢について述べていく。また，身体，音楽，造形，さらに総合的な表現など，いくつかのアプローチで子どもの表現をはぐくむために必要なことを考えていきたい。

　第4章では，表現活動の援助や指導について，身体表現や音楽表現，造形の表現の視点から，具体的に考えていく。表現活動を組み立てる指導計画についても示していきたい。

　第5章では，保育現場での実践と考察として，実際の現場の事例をもとに，そのプロセスや記録，振り返りの検証などを具体的に述べていく。

　第6章では，保育者自身の表現力をはぐくむとはどういうことなのか，身体

や音楽，また，造形による表現力をはぐくむための視点やアイディアを通して考えていきたい。

　本書は，保育者を目指す学生のために編集されたものではあるが，学生だけにとどまらず，実際に保育所や幼稚園の指導者として実践をされている保育者の方々にも活用していただけることを期待している。

　最後に，本書の出版にあたり，多くの執筆者，保育所や幼稚園のご協力をいただいたことに感謝し，また，お詫び申し上げたい。新型コロナウイルスの世界的な影響のもと編集が始まったため，大幅な遅れを余儀なくされての刊行となった。北大路書房の古川裕子さんをはじめ，最後まで我慢強く支えていただいた方々に心より感謝の意を表したい。

2023年12月　編著者を代表して　杉山貴洋

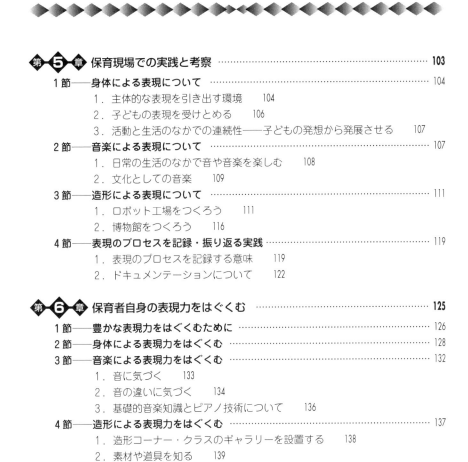

# 第1章
# 表現の意義

子どもは生活と遊びのなかで，常に感じ，考え，行動している。つまり，表現をしている。保育者の専門性の一つとして，「子どもをじっくりと観察」することがある。一人ひとりの子どもを観察していると，その子のまなざし（目の表情）・顔の表情・身振り・しぐさ・姿勢・声などから，その子が何を感じて，何を楽しんで，何を探究しているかが読み取れる。

本章では，このような保育における子どもの様々な表現の意義を中心に，幼稚園教育要領，保育所保育指針，幼保連携型認定こども園教育・保育要領における「10の姿」，保育内容「表現」の位置づけ，ねらい，および保育内容「表現」の歴史などについて述べていく。

# ◆**1**節　保育の基本と「表現」

## 1——保育における表現

　保育という言葉は，小学校以降の教育との違いをはっきりさせるために使われたともいわれている。保育の意味としては，「広義には，乳幼児期の特性を踏まえて，子どもの育ちを支え促す営みに対して，保育という語が形態や施設種別にかかわらず用いられている（秋田ら，2019）」とある。この「乳幼児期の特性を踏まえて」ということは，一人ひとりの子どもの特性を理解することを踏まえてともいえるだろう。

　子どもの表現を考える際には，一人ひとりの子どもの表現を理解していく，つまり一人ひとりの子どもの行動や特性をじっくりとウォッチング（観察）してみると，子どもは常に表現をしているといえるのではないだろうか。

　写真1-1は，ある園の4歳児クラスの子どもの，ほんの数秒間の行動を筆者が撮影したものである。

　ある日の午前中，このクラスの担任から子どもたちに，クラスの子どもたち全員で集まりたいという提案をし，保育室や園庭などで遊んでいた子どもたちが自分たちで主体的に声をかけあいながら，保育室に集まってきた。クラスのほぼ全員が保育室に集まってきていたとき，写真1-1の子どもは少し遅れて保育室に入ってきた。そのとき，この子どもは，ふっと立ち止まり，保育室壁面の上部の窓から射す太陽光が自分の額に当たることに気づいた。それと同時

写真1-1　光を感じて，考えて，行動する

にこの子どもは，両足を上下に軽く数回屈伸させ，自分の頭が下がると，光が頭の上を通過し床に射すことに気づき，頭の位置が今の位置から上がると，顔の額の下に光が射すことに気づき，科学的思考などを学んでいたようであった。

　身体で光を感じたと同時に，自ら身体を上下に動かしながら，光の美しさや不思議さに気づき，学び，おもしろがっているこの子どもの行動すべてを，表現のプロセスそのものと捉えてみてはどうだろうか。子どもの表現をこのように広く総合的に捉え理解していくと，園での生活や遊びのなかで，子どもは常にこのような行動をしていることがみえてくる。子どもは表現者であり，探究者，研究者でもあるといえる。

## 2 ── 感性と表現

　子どもの「表現」について考えていく際には，感じること，つまり「感性」についても同時に，そして相対的に考えていくと，その意味がより理解しやすい。まず，「感性」については，「外界からの刺激を直観的に印象として感じ取る能力。感受性」「……が鋭い」「豊かな……をもつ人」（『明鏡国語辞典（第二版）』），あるいは，「感覚によってよび起され，それに支配される体験内容。従って，感覚に伴う感情や衝動・欲望をも含む」（『広辞苑（第七版）』）とある。

　ここでいう感覚は，いわゆる五感（触覚，嗅覚，視覚，聴覚，味覚）が代表的である。医学的，生理学的な視点で分けてみると，特殊感覚，体性感覚，内臓感覚の3つになる。特殊感覚は視覚，聴覚，嗅覚，味覚，前提覚（平衡感覚ともいう），体性感覚は皮膚感覚―触覚，痛覚，温度感覚，内臓感覚は空腹／満腹感，尿／便意，内臓痛覚といわれている。

　これを保育の分野にあてはめて，筆者なりの「感性」の意味を定義してみると，「楽しい，うれしい，気持ちいい，心地よい，きれい，美しい，不思議だな，変だな，嫌だな等々，すべての感覚器官によって世界を感じ，捉え，受けとめる働きであり，ポジティブな面とネガティブな面の両面を含んだ理屈ではない体験」となる。

　レイチェル・カーソン（1996）は，「わたしは，子どもにとっても，どのようにして子どもを教育すべきか頭をなやませている親にとっても，『知る』ことは『感じる』ことの半分も重要ではないと固く信じています」と述べている。

レイチェル・カーソンは，言葉や文字を覚えたり，計算をしたり，知識を獲得したりすることよりも，「感じる」ことが，子どもの育ちにとって重要であり，その感じ方は一人ひとりが違ってよいのだということを言いたかったのではないかと考えられる。

次に「表現」については，「心的状態・過程または性格・志向・意味など総じて内面的・精神的・主体的なものを，外面的・感性的形象として表すこと。また，この客観的・感性的形象そのもの，すなわち表情・身振り・動作・言語・作品など。表出」（『広辞苑（第七版）』）とある。また，「『表』は内面にあるものを外に示したり，事物を象徴したりする場合，『現』は隠れていたものが姿を見せる場合に使うことが多い」（『広辞苑（第七版）』）とある。「表」の動詞は「あらわす」と主に発音し，これは意思がある行動と考えられる。例えば，子どもが積み木で遊んでいて，高く積み上げた際に，視線を近くにいる保育者に向け，「みて，みて〜，できた〜」とアイコンタクトをしたり，保育者に直接，言葉で伝えようとしたり，描き終えた絵を保育者に見せながら，「できた〜，みて〜」と保育者に直接，言葉で伝える場合などがある。

一方，「現」の動詞は「あらわれる」と主に発音することから，これは感じていることが無意識のうちに出てくるものであると考えられる。まなざし（目の表情）・顔の表情・身振り・しぐさ・姿勢・声（発声）・音・点や線の跡などがある。例えば，1〜2歳くらいの子どもが，園庭にある砂場の砂を手で触り続ける行為自体を楽しむということなどがそうである。このように考えていくと，表現は，「表」と「現」で成り立っていることがわかる。

このように，子どもの表現の循環プロセスは，「感じて⇔考えて（イメージして）⇔行動する」（平田ら，2010）というらせん状に動いていく循環として考えられるのではないだろうか。また，このプロセスは，人間が人間であることの独自の文化的営みであるともいえるのではないだろうか。これを図式で表すと図1-1のようになる。

次の事例をみてみよう。

ある園で『大きなかぶ』の絵本を読んだ後，子どもたちで劇遊びが始まりました。しかし，そこに参加しないA子がいました。保育者はそれが気にな

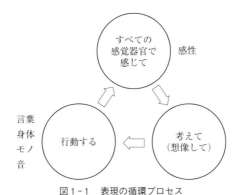

図1-1　表現の循環プロセス
出所：平田・小林・砂上（2010, p.11）をもとに筆者作成。

っていたといいます。その後の自由遊びの時間，園舎の裏でA子がひとりで草を抜いているのを保育者は見つけ，寄っていって耳を傾けました。するとA子は「うんとこしょどっこいしょ」と言いながら草を抜いていたといいます（秋田，2009）。

　これは，A子はA子独自に感じて，考えて，行動するという表現の循環プロセスがあり，そのタイミングやプロセスは，子ども一人ひとりによって違うということがわかる事例である。
　このような子どもの表現に出会う際，私たちおとな（保育者）は，子どもがいかに，上手に，丁寧に，正しく，うまく，描いたり，つくったり，歌ったり，音を奏でたり，踊ったりしているかだけをみようとしてしまったり，最初から想定していたイメージどおりの表現に出会うと，思わず「わ～，上手～」「きれいにかけているね」などと言ってしまうことがあるのではないだろうか。私たちおとな（保育者）の想定から逸脱した子どもの表現を，ありのままに，そして創造的なプロセスとして捉えていくことが，一人の尊厳ある子どもの表現をより豊かにしていくことにつながっていくと考える。

## 2 節 領域「表現」

### 1 ── 「育ってほしい10の姿」

　2017年に保育所保育指針，幼稚園教育要領，幼保連携型認定こども園教育・保育要領が改定（訂）され，2018年4月より施行となった。

　これに伴い，保育所，幼稚園，幼保連携型認定こども園はいずれも「幼児教育を行う施設」として位置づけられ，3歳以上児を対象とした「保育のねらい及び内容」については，それぞれの指針・要領における記載内容の統一が行われた。そして，これらの指針・要領に共通して，「育みたい資質・能力」「幼児期の終わりまでに育ってほしい姿」が具体的に示されることになった。

　「幼児期の終わりまでに育ってほしい姿」は，乳幼児期にふさわしい生活や遊びなどを積み重ねることによって，発達過程に応じた「育みたい資質・能力」が培われてきた子どもたちが，卒園を迎える年度の後半の時期に，自然と見せるようになる姿のことである。したがって，「幼児期の終わりまでに育ってほしい姿」は，到達すべき目標ではないことや，個別に取り出されて指導されるものではないことを，十分に理解しておく必要がある。また，保育者が，普段の保育のなかで，子どもが発達していく過程を意識し，それぞれの時期にふさわしい指導を積み重ねることによって，子どもが自然と到達する姿ともいえる。

　保育士等は，「幼児期の終わりまでに育ってほしい姿」を心に留め，遊びのなかで，一人ひとりの発達に必要な体験が得られる状況をつくったり，援助を行ったりすることが求められる。保育は，環境を通して行うものであり，特に子どもは自発的な活動としての遊びを通して発達していく。ただし，一人ひとりの発達の特性は異なるため，すべての子どもに同じような発達の過程がみられるわけではないことにも留意が必要である。

　また，この「幼児期の終わりまでに育ってほしい姿」を小学校と共有することにより，幼児教育と小学校教育との接続の強化が図られている。

　具体的には，以下に示す(1) 〜 (10)の10の姿が示されている。なお，引用は保育所保育指針より行い，「教師」「保育士」「保育教諭」など指針・要領によっ

て異なる用語についても同指針で使われている表現に統一した。

## (1) 健康な心と体

　　保育所の生活の中で，充実感をもって自分のやりたいことに向かって心と体を十分に働かせ，見通しをもって行動し，自ら健康で安全な生活をつくり出すようになる。

　健康な心と体は，他者との信頼関係の下で，自分のやりたいことに伸び伸びと取り組むことではぐくまれる。

　卒園を迎える年度の後半には，心と体を十分に働かせるだけでなく，時間の流れを意識したり，状況の変化を予測したりして，遊びや生活に見通しをもって自立的に行動し，自ら健康で安全な生活をつくり出す姿がみられるようになる。

　健康を保つための生活行動を，その必要性を意識して行い，友達と楽しく食事をするだけでなく，食べ物の役割に関心をもつなど，体を大切にする活動を進んで行うようになる。さらに，避難訓練や交通安全指導などで身を守るための適切な行動を学び，状況に応じた行動をとろうともする。

　保育士等は，子どもの目線で保育所の生活環境や人間関係を捉え，子どもが主体的に活動したくなる環境を整えることが必要である。子どもの主体性を育むために，自分たちで生活をつくり出している実感をもたせることが大切である。

## (2) 自立心

　　身近な環境に主体的に関わり様々な活動を楽しむ中で，しなければならないことを自覚し，自分の力で行うために考えたり，工夫したりしながら，諦めずにやり遂げることで達成感を味わい，自信をもって行動するようになる。

　自立心は，子どもが保育士等との信頼関係を基盤に身近な環境に主体的に関わり，自分でやりたいことを選び，挑戦してできた満足感を味わうなどの体験の積み重ねのなかで育まれる。

　卒園を迎える年度の後半には，自分でしなければならないことを自覚し，難

しいことでも自分の力でやってみようとする。挑戦と失敗を繰り返し，周囲の力を借りたり励まされたりしながら，諦めずに工夫してやり遂げる体験を通して達成感を味わい，自信をもって行動するようになる。

　保育士等は，子ども一人ひとりが自分で活動を選びながら生活を主体的に送ることができるように，ゆとりをもった時間設計を行う必要がある。その日の活動を視覚的に提示するなどの工夫とともに，発達の実情に応じた個別の援助を行い，子どもが一日の流れを意識できるようにする。卒園を迎える年度の後半には，友達から認められることでさらに自信をもつようになるため，一人ひとりの子どものよさを友達に伝わるように示したり，クラス全体のなかで認めあえる機会をつくったりするなどの工夫が重要になる。

## (3) 協同性

　友達と関わる中で，互いの思いや考えなどを共有し，共通の目的の実現に向けて，考えたり，工夫したり，協力したりし，充実感をもってやり遂げるようになる。

　協同性は，友達と思いを伝えあったり試行錯誤したりしながら一緒に活動を展開する楽しさや，共通の目的が実現する喜びを味わうなかで育まれる。多様な感情を経験しながら友達との関わりを深めるなかで，互いの思いや考えを伝えあい，次第に共通の目的をもつようになる。

　卒園を迎える年度の後半には，共通の目的の実現に向けて，自分の考えを相手に伝えながら，工夫したり，協力したりし，充実感をもって子ども同士でやり遂げるようになる。

　ただし，協同性は，単に他の子どもと一緒に活動できることとは異なる。子どもたちが一緒に活動するなかで，それぞれの持ち味が発揮され，互いのよさを認めあう関係ができることが大切である。保育士等には，子ども一人ひとりの考えを受けとめるとともに，共通の目的の実現を目指して試行錯誤する子どもたちを適切に援助することが求められる。そのためには，目的の実現への道筋を想定しつつ，それぞれが自分らしさを発揮できるように助け，互いのよさや，協同して活動することの大切さに気づかせる言葉かけが求められる。

## (4) 道徳性・規範意識の芽生え

　　友達と様々な体験を重ねる中で，してよいことや悪いことが分かり，自分の行動を振り返ったり，友達の気持ちに共感したりし，相手の立場に立って行動するようになる。また，きまりを守る必要性が分かり，自分の気持ちを調整し，友達と折り合いをつけながら，きまりをつくったり，守ったりするようになる。

　　道徳性・規範意識の芽生えは，友達との関わりにおいて，自分の感情や意志を表現し，時には相手との衝突を経て，互いに理解し合う体験を重ねるなかで育まれる。子どもはやがて，してよいことや悪いことがあると分かり，考えながら行動するようになっていく。

　　卒園を迎える年度の後半には，相手に共感したり，相手の視点から自分の行動を振り返ったりして，相手の立場に立って行動する姿がみられるようになる。また，友達と一緒に心地よく生活したり，遊びをより楽しくしたりするためにきまりが必要であることを理解し，自分の気持ちを調整し，友達と折り合いをつけながら，きまりをつくったり，守ったりするようにもなる。

　　保育士等は，そのような子どもの姿を丁寧に捉え，認め，励まし，その状況を周囲の子どもにも伝えることが大切である。子ども同士の気持ちのぶつかり合いなどが生じた場面では，子どもが自分の言動を振り返り納得して折り合いをつけられるように，問いかけたり共に考えたりし，子どもが自分たちで思いを伝えあおうとする姿を十分に認め，支えることも必要である。

## (5) 社会生活との関わり

　　家族を大切にしようとする気持ちをもつとともに，地域の身近な人と触れ合う中で，人との様々な関わり方に気付き，相手の気持ちを考えて関わり，自分が役に立つ喜びを感じ，地域に親しみをもつようになる。また，保育所内外の様々な環境に関わる中で，遊びや生活に必要な情報を取り入れ，情報に基づき判断したり，情報を伝え合ったり，活用したりするなど，情報を役立てながら活動するようになるとともに，公共の施設を大切に利用するなどして，社会とのつながりなどを意識するようになる。

社会生活との関わりは，保護者や周囲の人々に温かく見守られているという安心感や，保育士等との信頼関係を基盤に，クラスから保育所全体へ，さらに地域の人々や出来事との関わりへと広がっていく。一方で，最も身近な存在である家族を大切に思う気持ちも育まれる。

卒園を迎える年度の後半になると，相手との関係性や状況に応じた言葉や振る舞いを考えて行動しようとする。地域の人との会話から，自分が見守られている安心感や役に立つ喜びを感じたり，地域に対する親しみをもったりする。

卒園を迎える年度の後半には好奇心や探究心が一層高まり，身近にあるものから関心のある情報を取り入れるようになる。保育士等は子どもの関心に応じて様々な情報を見やすく掲示するなどの工夫をし，子どもの情報との出会いをつくる。情報を集める方法や情報の活用方法，情報を伝える方法などに気づかせることで，子ども自身が調べたことや発見したことなどを，子どもが関わりながら掲示することも考えられる。

## (6) 思考力の芽生え

身近な事象に積極的に関わる中で，物の性質や仕組みなどを感じ取ったり，気付いたりし，考えたり，予想したり，工夫したりするなど，多様な関わりを楽しむようになる。また，友達の様々な考えに触れる中で，自分と異なる考えがあることに気付き，自ら判断したり，考え直したりするなど，新しい考えを生み出す喜びを味わいながら，自分の考えをよりよいものにするようになる。

思考力の芽生えは，周囲の環境に好奇心をもって積極的に関わり，物の性質や仕組みについて新たな発見をしたり，もっとおもしろくなる方法を考えたりするなかで育まれる。

卒園を迎える年度の後半になると，遊びや生活のなかで，物の性質や仕組みなどを生かして，考えたり，予想したり，工夫したりするなど，身近な環境との多様な関わりを楽しむようになる。また，自分と異なる考えに触れて考え直すなど，新しい考えを生み出す喜びを味わいながら，自分の考えをよりよいものにしようとする姿がみられる。

子どもが不思議さやおもしろさを感じ，こうしてみたいという願いをもつこ

とにより，新しい考えが生み出され，遊びが広がっていく。保育士等には，子どもの好奇心や探究心を引き出す状況をつくるとともに，それぞれの子どもの考えを受けとめ，そのことを言葉にして子どもたちに伝えながら，さらなる考えを引き出すことが求められる。また，子どもが他の子どもとの意見や考えの違いに気づき，ものごとをいろいろな面から見て，そのよさを感じられるようにすることが大切である。

## (7) 自然との関わり・生命尊重

自然に触れて感動する体験を通して，自然の変化などを感じ取り，好奇心や探究心をもって考え言葉などで表現しながら，身近な事象への関心が高まるとともに，自然への愛情や畏敬の念をもつようになる。また，身近な動植物に心を動かされる中で，生命の不思議さや尊さに気付き，身近な動植物への接し方を考え，命あるものとしていたわり，大切にする気持ちをもって関わるようになる。

自然との関わり・生命尊重は，身近な自然と触れあい，動植物に対する親しみを深めるなかで育まれる。子どもは，自然の美しさや不思議さに触れて感動する体験を通して，自然の変化などを感じ取り，関心を高めていく。

卒園を迎える年度の後半には，好奇心や探究心をもって考え，言葉などで表現しながら，身近な事象への関心を高めていく。身近な自然や偶然出会った自然の変化を遊びに取り入れたり，継続して見守ったりするうちに，新たな発見や興味が生まれ，自然への愛情や畏敬の念を抱くようになる。

保育士等は，保育所内外の自然の状況を把握して取り入れるなど，子どもの体験を豊かにする環境をつくることが求められる。時には子どもの体験や発見を保育士等が代弁することで子どもの自覚を助け，子どもが自分の思いを言葉などで表現し，自然との関わりを深めるように援助する。

また，保育士等は，子どもが飼育や栽培を通して動植物への親しみを深め，時には関わり方の失敗を乗り越えながら，命あるものをいたわり大切にする気持ちを育むようにすることが重要である。

## (8) 数量や図形，標識や文字などへの関心・感覚

遊びや生活の中で，数量や図形，標識や文字などに親しむ体験を重ねたり，

標識や文字の役割に気付いたりし，自らの必要感に基づきこれらを活用し，興味や関心，感覚をもつようになる。

子どもは遊びや生活のなかで，身の回りにある数量や図形，標識や文字に興味をもったり，物を数えることを楽しんだりする。

卒園を迎える年度の後半になると，それまでの体験をもとに，自分たちの遊びや生活に数量や図形を活用する姿がみられる。多い少ないを比べるために物を数えたり，長さや広さなどの量を比べたり，様々な形を組み合わせて遊んだりすることを通して，数量や図形への理解を深める。また，身近な標識や文字の役割に気づき，使ってみることで，興味をさらに深め，感覚が磨かれていく。

保育士等は，子どもが関心をもったことに存分に取り組めるような生活を展開するなかで，一人ひとりの数量や図形，標識や文字などとの出会いや関心のもちようを把握し，活動の広がりや深まりに応じて数量や文字などに親しめる環境を整えることが大切である。その際，一人ひとりの発達の実情などに即して，関心がもてるように丁寧に援助するとともに，幼児期には，数量や文字などについて，単に正確な知識を獲得することを目的にするのではないことに十分留意する必要がある。

## (9) 言葉による伝え合い

保育士等や友達と心を通わせる中で，絵本や物語などに親しみながら，豊かな言葉や表現を身に付け，経験したことや考えたことなどを言葉で伝えたり，相手の話を注意して聞いたりし，言葉による伝え合いを楽しむようになる。

子どもは保育士等や友達と深く関わり，絵本や物語などに親しみながら，豊かな言葉や表現を身につけていく。自分の言葉に耳を傾けてくれる保育士等や友達に，自分の経験や思いを伝え，また，相手の話を聞いて理解したり共感したりする経験を経て，言葉のやりとりを楽しみ，言葉を使って思いを伝えあうことができるようになる。

卒園を迎える年度の後半になると，伝える相手や状況に応じて言葉の使い方や表現のしかたを変えたり，相手の話を注意深く聞いて理解したりすることが

できるようになる。言葉による伝えあいを楽しむためには，気軽に言葉を交わすことができる雰囲気や人間関係のなかで，伝えたくなるような体験をすることや，遊びを一緒に進めるために相手の気持ちや行動を理解する必要性を感じることが大切である。

　保育士等は，状況に応じて言葉を補うなど，子ども同士の話が伝わりあうように援助する。また，豊かな言葉や表現に触れられる絵本や物語の世界に誘ったり，保育士等自身が豊かな表現を使い，様々な言葉に出会う機会をつくったりすることが求められる。

## (10) 豊かな感性と表現

　　心を動かす出来事などに触れ感性を働かせる中で，様々な素材の特徴や表現の仕方などに気付き，感じたことや考えたことを自分で表現したり，友達同士で表現する過程を楽しんだりし，表現する喜びを味わい，意欲をもつようになる。

　豊かな感性と表現は，生活の様々な場面で心を動かす出来事に触れてイメージを豊かにしたり，表現する楽しさを味わったりしながら育まれる。

　子どもは，心を動かす出来事に触れると，みずみずしい感性を働かせて様々な表現を楽しむようになる。気持ちがそのまま声や表情，身体の動きに表れることもある。動きや音などで表現したり，演じたりしながら，表現する喜びを味わうようにもなる。

　卒園を迎える年度の後半になると，様々な素材の特徴や表現方法などに気づき，必要な素材を選んで自分の思いを表現したり，友達同士で表現する過程を楽しんだりして，表現する意欲をもつようになる。共通の目的に向けて友達と考えを出しあい，工夫して表現することを一層楽しむようにもなる。

　保育士等は，子どもが自由に表現する楽しさを大切にし，多様な素材や用具に触れてイメージやアイディアが生まれるように，環境を整えることが必要である。子どもが表現を工夫する姿や，それぞれの表現を友達と認めあい，互いに取り入れたり新たな表現を考えたりする姿を認め，さらなる意欲につなげることも大切である。

## 2——指針・要領における保育内容「表現」の位置づけ

　2017年の保育所保育指針と幼保連携型認定こども園教育・保育要領の改定（訂）では，近年 0 〜 2 歳児の保育所や子ども園の利用率が大きく上昇していること，この時期の保育の重要性を踏まえ，3 歳未満児の保育に関する記載内容の充実が図られている。

　具体的には，乳児，1 歳以上 3 歳未満児，3 歳以上児の保育という 3 つの枠組みを導入し，それぞれの年齢に応じた「ねらい及び内容」が示された。

　また，幼児教育を行う施設として保育所，幼稚園，幼保連携型認定こども園の教育水準を一定にすべきという考えのもと，改定（訂）後の保育所保育指針，幼稚園教育要領，幼保連携型認定こども園教育・保育要領において「3 歳以上児の保育に関するねらい及び内容」の記載内容が統一されたことにも注目すべきである。

　ここでは，指針・要領における「保育内容　表現」の位置づけを，1 歳以上 3 歳未満児と 3 歳以上児のそれぞれについて解説する。

　なお，乳児保育に関わる「ねらい及び内容」は，発達が未分化な状況にあることから領域化されていない。

### (1)　1 歳以上 3 歳未満児の保育に関わる保育内容「表現」

　この時期の子どもは，歩く，走る，跳ぶなどの基本的な運動機能が次第に発達し，排泄の自立のための身体的機能も整うようになる。指先の機能も発達し，食事や衣服の着脱が自立に向かう。

　この時期の終わり頃には，自分の思いを言葉で表現できるようになる。自我が芽生え，強く自己主張することも増えるが，自分の思いを受けとめてもらう経験を重ねることで，他者を受け入れることができ始める。友達や周囲の人への興味や関心が高まり，子ども同士の関わりが徐々に育まれていく時期である。一方で，自分の思う通りにはできずもどかしい思いをしたり，寂しさや甘えたい気持ちが強くなって不安定になったりと，気持ちが揺れ動くこともある。

　こうした発達の特徴を踏まえ，この時期の保育における領域「表現」の「ねらい及び内容」は，下記の通り示されている（保育所保育指針より）。

オ　表現

　　感じたことや考えたことを自分なりに表現することを通して，豊かな感性や表現する力を養い，創造性を豊かにする。

（ア）ねらい

　　①身体の諸感覚の経験を豊かにし，様々な感覚を味わう。

　　②感じたことや考えたことなどを自分なりに表現しようとする。

　　③生活や遊びの様々な体験を通して，イメージや感性が豊かになる。

（イ）内容

　　①水，砂，土，紙，粘土など様々な素材に触れて楽しむ。

　　②音楽，リズムやそれに合わせた体の動きを楽しむ。

　　③生活の中で様々な音，形，色，手触り，動き，味，香りなどに気付いたり，感じたりして楽しむ。

　　④歌を歌ったり，簡単な手遊びや全身を使う遊びを楽しんだりする。

　　⑤保育士等からの話や，生活や遊びの中での出来事を通して，イメージを豊かにする。

　　⑥生活や遊びの中で，興味のあることや経験したことなどを自分なりに表現する。

　子どもは，まわりの人や物，現象について感じたことをもとに，自分のなかにイメージを蓄積していく。やがて，心のなかにあるイメージを自分なりに表現しようとするようになる。

　自分で移動できる範囲が広がり，手を使ってものを扱うこともできるようになる。多様なものに出会い，触れて，形や色，音，感触，香りなど，自分の身体を通した経験を豊かに重ねることが，諸感覚の発達を促し，子どもの世界を広げていく。

　保育士等もその感覚を一緒に楽しんだり，感覚とイメージを結ぶ言葉を添えたり，気づきを促したりすることで，子どものイメージはさらに膨らみ，感性も豊かになっていく。

## (2)　3歳以上児の保育に関わる保育内容「表現」

　この時期の子どもは，体の動きが巧みになり，様々な遊びに挑戦して活発に

活動するようになる。一日の生活の流れを見通し，自ら進んで生活習慣を行うようになる。

　知的好奇心が高まり，身近な環境に積極的に関わって様々な物の特性を知り，それらとの関わり方を体得し，思考力や認識力も高まっていく。

　スムーズな言葉のやりとりができるようになる一方で，自我が育ち，友達と自己主張をぶつけあって葛藤することも増える。やがて仲間とのつながりが深まると，共通の目的の実現に向かって話し合いを繰り返して互いに折り合いをつけ，自分たちで解決を目指す姿もみられるようになる。また，役割を分担しながら，協同して粘り強く取り組むようにもなる。

　こうした発達の特徴を踏まえ，この時期の保育における領域「表現」の「ねらい及び内容」は，下記の通り示されている（保育所保育指針より）。


　オ　表現
　　　感じたことや考えたことを自分なりに表現することを通して，豊かな感性や表現する力を養い，創造性を豊かにする。
　（ア）ねらい
　　　①いろいろなものの美しさなどに対する豊かな感性をもつ。
　　　②感じたことや考えたことを自分なりに表現して楽しむ。
　　　③生活の中でイメージを豊かにし，様々な表現を楽しむ。
　（イ）内容
　　　①生活の中で様々な音，形，色，手触り，動きなどに気付いたり，感じたりするなどして楽しむ。
　　　②生活の中で美しいものや心を動かす出来事に触れ，イメージを豊かにする。
　　　③様々な出来事の中で，感動したことを伝え合う楽しさを味わう。
　　　④感じたこと，考えたことなどを音や動きなどで表現したり，自由にかいたり，つくったりなどする。
　　　⑤いろいろな素材に親しみ，工夫して遊ぶ。
　　　⑥音楽に親しみ，歌を歌ったり，簡単なリズム楽器を使ったりなどする楽しさを味わう。

⑦かいたり，つくったりすることを楽しみ，遊びに使ったり，飾ったりなどする。

⑧自分のイメージを動きや言葉などで表現したり，演じて遊んだりするなどの楽しさを味わう。

　「内容」の8つの項目については，次節でさらにくわしくみていく。

　子どもは，自然や人々など身近な環境のなかに限りない不思議さやおもしろさなどを見つけ，美しさや優しさなどを感じて，心を動かす。そのような心の動きを自分の声や体，あるいは素材などを介して伝える経験を重ねて，感性と表現する力を養い，創造性を豊かにしていく。さらには，自分の存在を実感し，充実感を得て，安定した気分で生活を楽しむことができるようになる。

　子どもは様々な表現活動を行いながら，内面に蓄えられた様々な事象や情景を思い浮かべ，それらを再構成して，想像の世界を楽しんでいる。また，自分の気持ちを表すことや，表現によって友達や周囲の事物との関係が生まれることを楽しんだりもする。

　保育所においては，日常生活のなかで出会う様々な事物や事象，文化から受けた印象やその時の気持ちを友達や保育士等と共有し，表現しあうことを通して，豊かな感性を養うことが求められる。やがては，素材や表現手法の特性を生かし，工夫して表現できるようにすることや，自分の好きな表現の方法を見つけ出せるようにすることが大切である。自分の思いを一番適切に表現する方法を選べるように，様々な表現の素材や方法を経験させることも必要である。

## ◆3◆節　保育内容「表現」のねらいと内容

### 1 ── 「表現」のねらい

　指針・要領の「表現」には，「感じたことや考えたことを自分なりに表現することを通して，豊かな感性や表現する力を養い，創造性を豊かにする」と示されている（3歳以上児）。このことを保育のなかで実践していくために，ねらいとして「(1) いろいろなものの美しさなどに対する豊かな感性をもつ。

写真1-2　目が合うとにっこり

（2）感じたことや考えたことを自分なりに表現して楽しむ。（3）生活の中でイメージを豊かにし，様々な表現を楽しむ」の3つが挙げられている。

子どもの表現には感情が率直に表されている。泣いたり笑ったり怒ったり，といった感情の表出も表現の一つとして考えることができる。そういった心の動きを保育者は受けとめ，一緒に喜んだり悲しい気持ちに寄り添ったりすることで，子どもは自分の存在を確認し，充実した気持ちを得られると同時に，安心して表現することができる。子どもの未分化な表現は，おとなにとっては理解することが難しかったり，見逃してしまうことがある。保育者は，どのような表現でも受けとめることが大切である。自分の表現を受容し応答する保育者の存在によって，子どもは安心して感じたことや考えたことを，自分なりに表現することを経験していくなかで，豊かな感性を育んでいく。

子どもは，歌ったり絵本を見たり描いたり，音楽に合わせて体を動かしたり，何かになりきることを楽しむ。そうしたとき，自分のなかにある様々な出来事や景色を思い浮かべて，想像しながら楽しんでいる。

幼稚園や保育所，認定こども園（以下，園）では，子どもは保育者や友達と一緒だからこそ，感じたり気づいたり伝えあったりすることがある。保育者や友達と一緒に同じ経験をすることによって，感じたことを共有したり共通性を見出したりすることがある。一方，自分とは異なる感じ方や表現方法をもつ友達と関わりあいながら他者を認めることで，子ども自身の感性や創造性が育まれていく。

また，保育者は歌や演奏などの音楽表現や，えがく・つくるなどの造形表現，踊ったり演じたり言葉を発したりする身体表現など結果的に表された表現だけを見るのではなく，そこに至る過程を丁寧に捉え，子どもの気持ちに寄り添った表現活動が展開できるように心がけたい。どのような環境が子どもにとって

安心して心地よく過ごせるのか，心動かされる出来事に出会うことができるのか。そしてその気持ちを表現したいといった意欲や，実際に表現することへとつなげるためには，どのような素材の準備や表現の手立てがふさわしいのか。保育者は子どもの表現を見出し，様々な素材を媒介とした表現する道筋を丁寧に支えていく必要がある。

写真1-3　コップを足にはめて
揺らして遊ぶ

## 2 ── 「表現」の内容

　ここまで述べてきた「ねらい」を達成するために指針・要領では「表現」について8つの内容を定めている（3歳以上児）。以下でくわしく見ていく。

### (1) 生活の中で様々な音，形，色，手触り，動きなどに気付いたり，感じたりするなどして楽しむ

　子どもは生活のなかで様々なモノや人からたくさんの刺激を受けている。諸感覚や体全体を使って，身の回りのモノや出来事を感じている。自身で感じることは表現するためには必要な過程である。感じることが表現することにつながるのである。

　保育者は子どもが様々なことを感じたり気づいたりする環境をつくることが大切である。例えば，風を体で感じられるように窓を開けて保育室に風を通してみる，風の動きや強弱を目で見て気づくことができるように窓辺や保育室の天井から風に揺れる装飾をするなどの工夫を試みる。雨の日には，雨音に耳をすましてみたり，窓ガラスや軒先につたう雨のしずくを眺めたりする。園庭の植栽にみられる花の色や葉の形，大きさを比べてみる。あるいは園庭の木々を写真に記録して季節の移り変わりを確認することも考えられる。

### (2) 生活の中で美しいものや心を動かす出来事に触れ，イメージを豊かにする

　生活のなかで美しいモノを見つけたり，様々な出来事に心動かされたりすることによって，イメージは広がり表現することに結びつけることができる。保

育者は子どもが，美しいモノ，不思議な事象に心動かされるような環境を整えることが必要である。同時に，悲しい気持ちや怒りなどの感情も素直に表すことができる安心した環境であることも大切である。保育者の温かいまなざしによって，子どもの率直な感情が押し留められることなく，心のまま自由に表現できることが保障されていなければならない。子どもが美しいモノや出来事から何かを感じ，その心から発せられた表現を保育者が受けとめることによって，イメージが広がり感動が深まる。

### (3) 様々な出来事の中で，感動したことを伝え合う楽しさを味わう

　子どもは感じたことや気づいたことを，声や動きなど自分の体を使って伝えようとする。そのとき保育者が子どもの感じたことや気づいたことを受けとめることで，子どもは自身の存在を確認し，保育者に信頼する気持ちを寄せる。信頼できる保育者に見守られながら，安心できる空間のなかで，様々なことを感じたり気づいたりする経験を十分に重ねることで，豊かな感性が育まれていく。子どもが感じたり気づいたりしたことが伝わりにくい表現であっても，保育者は理解しようと努めることが大切である。また，子どもが，友達に思いや考えを十分に伝えられないときには，保育者が仲立ちとなって友達につなぎ，出来事に対する気持ちを共有したり，友達の気持ちに共感したりすることによって，互いのイメージをより豊かにすることができる。また，自分とは異なった感じ方や考え方があることを知る契機となり得る。そして，自分の感じたことや考えたことを他者に伝える楽しさを味わうことで，表現することの喜びへとつながっていく（写真1-4）。

### (4) 感じたこと，考えたことなどを音や動きなどで表現したり自由に描いたり，つくったりなどする

　子どもは感じたり気づいたりしたことを，自分なりの表現で楽しんでいる。それは言葉や絵，歌など表現として伝わりやすい場合も，表情に出したり体を揺らしたりするような，何気ない表現の場合もある。保育者はそれらの表現を見逃さず，受けとめ共感するとともに，その表現がさらに広がるための働きかけや手立てについて考える必要がある。例えば，園庭のフェンスなどに木の枝を当てコンコン叩く音や腕に響く振動を楽しむ姿がみられたとき，どんぐりや石を集めることを楽しむ姿がみられたとき，ティッシュペーパーが舞う様子を

写真1-4　興味のあるものを伝える

写真1-5　フェンスにはリズムが感じられる

写真1-6　どんぐりを見つける

写真1-7　ティッシュペーパーを引っ張る

興味深く見つめたり追いかけたりする姿がみられたとき，どのような表現活動につなげることができるだろうか（写真1-5，6，7）。

　保育者は，子どもの姿から，興味・関心のあるモノや出来事を心に留め，また何気ない表情や動きから表現を見出し，それを表現活動に結びつけることができるよう考えることが大切である。

### (5) いろいろな素材に親しみ，工夫して遊ぶ

　子どもは，いろいろな素材を媒介として表現することを楽しむ。感じたことやイメージしたことを自分なりに考えて表そうとするとき，どのような素材が自分の表現にふさわしいのか，またその素材をどのように扱うことが，イメージした表現を実現できるのか試行錯誤する。あるいは，いろいろな素材に触れるなかで，その素材と特徴を生かした表現を思いついたり，色や形から何かに見立てたりして表現を楽しむこともある。

　一つの素材から表現に発展することもある。紙コップを積み上げたり並べて遊んでみたりするうちに，白い紙コップに色を塗ってみたり潰して形を変えて

写真1-8 材料は手の届くところへ

みたりすることもある。紙コップに顔を描き画用紙で手足をつくって，人や動物に見立てて遊ぶことも考えられる。紙コップを机に置いたときの音のおもしろさに気づき，両手に持って机に当ててリズムを楽しむこともある。紙コップを爪で弾くとき，側面と底面とでは音が違って聞こえることに気づき，そこから様々なものを爪で弾いて音の違いを確かめることに発展することもある。一つの素材でもたくさんの表現につながる可能性がある。そのとき，紙コップに絵を描くための画材や接着するための材料や，

叩いて音を確かめるための割り箸やストローなど，いろいろな素材が子どもの手に届くところにあると，自分なりに考えた表現を試みることができる（写真1-8）。

　子どもが思いついた表現がすぐに試せるよう，環境を整えておくことが大切である。

## (6) 音楽に親しみ，歌ったり，簡単なリズム楽器を使ったりする楽しさを味わう

　園では子どもが音楽に親しむ機会が多く，歌うことを楽しむ。例えば，保育者が楽しくピアノを弾いたり歌ったりする姿から，子どもは音楽により親しみを感じることができるであろう。友達と一緒に歌うことで，歌う心地よさもより味わえる。保育者は子どもに，楽譜どおりに歌うことや正しい発声で声を出すことを求めるのではなく，音楽に親しんだり，歌うことや演奏することが心地よく感じたりできるよう心掛ける必要がある。

　子どもにとって，音楽に合わせて歌ったり体を動かしたりするのは心地よい表現活動である。キーボードやタンバリンなどの楽器類が豊富な園も多いが，子どもが自ら音楽表現を楽しみたいと思ったときにすぐに手にとることができるように，自由に使える楽器が用意してあることが大切である（写真1-9）。また，好きな音楽を聴いたり音楽に合わせて踊ってみたりすることができるような場所や，自由に聴くことのできるCDやデッキなども用意してあると，自

写真1-9　自由に使える楽器の用意　　　　写真1-10　つくったものを飾る

分で歌やメロディを考えてみたり，音楽を使ったごっこ遊びに発展したりすることなどが期待できる。

**(7) 描いたり，つくったりすることを楽しみ，遊びに使ったり，飾ったりなどする**

　園には様々な素材や用具が用意されている。絵を描くためのクレヨンや絵の具，大きな刷毛やローラー，工作を楽しむための廃材や道具などが揃っている。子どもが自ら描いたりつくったりすることを楽しめるように，自由に使える材料や用具を整えておく必要がある。描いた絵やつくった工作などは，保育室に飾ったり，遊びに使ったりすることができるよう活動の展開を考えておくことが大切である（写真1-10）。また，子どもが遊びのなかで，必要に応じて描いたりつくったりすることもある。例えば，ままごとで使うお弁当やお店屋さんごっこで扱う食べ物，ごっこ遊びで使う魔法の杖や髪飾りなどは，友達と相談しながらつくる姿がみられるであろう。

　描いたりつくったりすることは，発達や経験によるところも大きく，子どもがイメージしたとおりに表現できないことも多い。保育者は子どもの表現したい気持ちやイメージに応じて，その子どもの表現にふさわしい素材や方法を提案するなどの援助が必要なこともある。また，おとなとは違って概念的な形や色による表現ではないことや，わかりやすい絵や造形ではないこともあるが，その表現を受けとめることが大切である。子どもが形や色のおもしろさに気づき，素材の特性を知り，表現したい気持ちにつながっていく過程を大切にした

写真1-11　気持ちに任せて描く

写真1-12　落ち葉を貼って

い（写真1-11，12）。

## (8) 自分のイメージを動きや言葉などで表現したり，演じて遊んだりするなどの楽しさを味わう

　子どもは自分のイメージを身体を使って表現したり，言葉で伝えたりすることを楽しむ。鏡に向かって表現するなどの姿がみられるとき，子どもは自分のイメージする世界を自身で楽しんでいる。また，友達と一緒であっても，それぞれが思い思いに何かになりきっている姿がみられることもある。子どもがその表現を認めてほしいとき，保育者が共感をもって受けとめることで，子どもは安心して思う存分表現することを楽しむことができる。

　一人でイメージし表現していたことが，友達と関わるなかで共通のイメージをもって一緒に表現することにつながるようになる。それまで一人だけのイメージだったものが，友達との間に共通のテーマやストーリー，あるいはルールをつくり出すことで，一人では思いつかなかった考えや新たな表現がみられるようになる。イメージを共有したり共同的な表現を実現したりできるよう，いろいろな素材や用具を用意しておく必要がある。このとき，教材となる素材や道具は必ずしも豊富に用意する必要はない。限られた材料や道具だからこそ，生まれる表現もある。また，材料や道具を友達と譲りあって使うことも園ならではの表現の場での経験となる。様々な表現を引き出せるように，環境を工夫することで，子どもは表現することを味わうことができる。

## 3 ── 保育者自身が感性を豊かにし，表現する力を身につける

　表現活動が子どもにとって魅力的なものであるためには，保育者自身が感性を磨き，子どもの表現を理解する力と，子どもの表現したいことを実現するための専門的な知識や技術が必要となる。

　子どもと同じように，保育者自身が，心動かされる時間や機会をもち合わせていたい。空の色や園庭にある草花の変化に気持ちを留めたり，自然の美しさに感嘆したり，不思議に思ったりする心を大切にしたい。ときには，子どもたちにその気持ちを伝えたり，一緒に感じたりできるような時間を活動のなかにも取り入れてみる。そこから始まる表現活動も考えられるだろう。保育者の感性が研ぎ澄まされることによって，子どもの何気ない言葉や表情から子どもが心を動かされた瞬間を感じ取り，それを受けとめ応答することができるだろう。

　また，保育者は子どもにとって豊かな表現活動をつくり出すために，様々な教材研究を重ね保育技術を備えることが必要である。子どもが自分なりの表現を実現しようとするとき，保育者が多様な表現技術を習得していることによって，その子どもの成長と，表現したい気持ちや実現したい表現にふさわしい指導につなげることができる。保育者が表現する術を幅広く知っていることで，画一的な指導にはならず，一人ひとりに応じた表現活動の援助が可能となる。つまり，子どもの表現にふさわしい指導を行うためには，保育者の表現に関わる豊富な知識と技能が不可欠だといえる。ピアノを弾くことや絵を描くこと，リズムに合わせて踊ることへの苦手意識もあるかもしれないが，ここでいう知識や技能はピアノの技能や絵による再現性，運動神経などとは少し異なる。子どもが心から楽しめる表現活動を実践するための，そして子どもの表現が豊かになるための，保育者としての表現の知識や技能が必要であるということを確認しておきたい。保育者は生活のなかで感じることのできる自然や身近なモノから，いくつもの表現活動を考え実践することができる力が必要である。

# 4節 保育内容「表現」の歴史

## 1——領域「表現」の歴史を振り返る

　『幼稚園教育要領』に「表現」という領域が登場したのは1989（平成元）年のことである。登場から30余年を経て，ようやく根づいてきたのではないかと思われるこの理念——子どもの育ちを「表現」という窓口から読み解く，あるいは人間にとって欠くことのできない「表現」というものの基盤を乳幼児期にどのように育てるのか——について，登場当時からしばらくは様々な混乱や戸惑いがあったという。

　では，そのような「混乱」はなぜ生じたのだろうか。ここでは，領域「表現」登場に至る我が国の保育内容の歴史をたどりながら考えてみることにしたい。その上でこれからの私たちに残された課題について考えてみよう。

## 2——我が国における保育施設の誕生と保育

　日本において，現在にもつながる保育施設の形が誕生したのは明治時代のことである。当時，政治制度や教育制度の多くが欧米のそれをモデルとしていたが，日本の幼児教育制度もドイツの教育学者，フレーベルの理論から大きな影響を受けてつくられた。

　日本が保育の手本とした欧米のフレーベル主義幼児教育思想のなかで今日の領域「表現」に関わるのは，「恩物」や「遊戯」，『母の歌と愛撫の歌』等の思想や実践・教材で，戦前期には，それらを「手技」（図1-2，図1-3），「唱歌」（歌を歌う活動：図1-4），「遊戯」（自由遊び，あるいは音楽に合わせて身体を動かす活動：図1-5）といった形で保育内容に取り入れていた。「遊戯」については今日でも「おゆうぎ」や「お遊戯会」といった言葉を聞くことがあると思うが，ここがルーツになっている。

　制度面では，1899年の「幼稚園保育及設備規程」（文部省令）において，保育項目（保育内容）が「遊嬉（遊戯のこと），唱歌，談話，手技」の4つに定められた。その後1926年の「幼稚園令」（勅令）において「遊戯，唱歌，観察，談話，手技等」と「観察」が加わる他，「等」として制度に示された以外の保育内容も

図1-2　第十恩物図画法

注：冒頭に「この恩物は石盤石筆
　　並に紙葉鉛筆なり」とある。
　　現在の描画。色鉛筆やクレヨ
　　ンは大正期頃より使用され始
　　めた。「幼稚園法二十遊嬉」
　　は外国から輸入された幼稚園
　　参考書をもとに編纂された。
出所：関（1879）

図1-3　第十八恩物摺紙法

注：冒頭に「この恩物は唯正方形
　　の色紙なり」とある。現在の
　　折り紙。当時は「畳紙」と呼
　　ばれていた。
出所：関（1879）

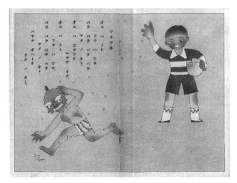

図1-4　マメマキ

注：作詞・作曲者不明。日本教育音楽協会『エホンシ
　　ヤウカ』第一集「フユノマキ」昭和8年刊行より。
　　「ハルノマキ」昭和6年刊行には《チューリップ》
　　（さいた　さいた　チューリップのはなが……）
　　や《コヒノボリ》（やねよりたかい　こいのぼり
　　……）も収載されている。
出所：大阪府立国際児童文学館所蔵。

図1-5　明治後期の松本幼稚園における屋外での共同遊嬉の様子
注：オルガンを庭に持ち出し，保姆（ほほ）が演奏している。
出所：日本保育学会（1981）

採用する余地が残された。戦前期にはすでに，表現のみならず，保育における様々な活動の基盤が築かれたことがわかる。

## 3 ── 戦後保育と領域「絵画製作」「音楽リズム」

### (1)『保育要領』から『幼稚園のための指導書　音楽リズム編』まで

　第二次世界大戦後，日本の保育・教育は新たなスタートを切ることとなった。1948年には，新しい幼稚園教育の基準，また，保育所保育や家庭での育児の参考になることを願って『保育要領──幼児教育の手びき』が公刊された。保育内容については「幼児の保育内容──楽しい幼児の経験」として「見学」「リズム」「休息」「自由遊び」「音楽」「お話」「絵画」「製作」「自然観察」「ごっこ遊び・劇遊び・人形芝居」「健康保育」「年中行事」の12項目が掲げられた。

　しかしながら，例えば「音楽」の目指すところについては，「幼児に音楽の喜びを味わせ，心から楽しく歌うようにすること，それによって音楽の美しさをわからせることがたいせつなのである。音楽美に対する理解や表現の力の芽ばえを養い，幼児の生活に潤いを持たせることができる」とある。これは1947年度版『小学校学習指導要領　音楽編（試案）』の内容に近似の文言となっており，保育における音楽活動としての独自性はあまりみられない。具体的には，例えば器楽については，「器楽（楽隊）は幼児が音楽に興味を持ち，静かに楽しめる

ようになってから始める。（中略）楽隊を指導するには，まず幼児たちに曲目を選ばせ，最初は曲を十分よく聞かせる。次に曲のリズムを理解するために手をたたいたり，竹ばし・積み木・リズム竹等をたくさん用意して，リズムや休止の練習をする。（以下略）」とあり，幼児の表現の意味を捉えているというよりは，いわゆる一般的な器楽活動ができるようになるための行程を示したものであった。

　1953年には『幼稚園のための指導書　音楽リズム編』が発行された。指導目標については，やはり小学校学習指導要領における音楽科の一般目標との類似がみられる。一方，「幼児は，入園前から器具を用いて音楽的表現をしている。たとえば，ガラガラのようなおもちゃ・びん・なべ・さら・板などを鳴らしたり打ったりする」といった記述もあり，幼児の原初的な音との関わりへの着目がみられる。しかし，これらの行為が子どもの表現の育ちにとってどのような意味があるのかといったところにまでは踏み込んでいない。

## (2) 『幼稚園教育要領』『保育所保育指針』の策定と 6 領域

　その後，1956年に『幼稚園教育要領』が施行され，保育内容は「望ましい経験」として「健康」「社会」「自然」「言語」「絵画製作」「音楽リズム」の 6 領域に整理された。1965年には『保育所保育指針』も策定され，4 歳〜6 歳の保育内容として，「健康」「社会」「言語」「自然」「音楽」「造形」が定められ，4 歳以降の保育内容は『幼稚園教育要領』との整合性が図られた。

　しかしながら，特に『幼稚園教育要領』においては，「楽しい幼児の経験」に対する 6 領域の『望ましい経験』という位置づけ方，小学校の教科との連続性への意識や，解説書等の記述は，各領域を教科のようにバラバラに指導したり，就学に向けた準備教育と捉えられたりするような実践を助長することとなった。同時に，生活から離れた表現の指導，保育者の指導のとおりに遊びや課題に取り組むような活動，プロセスよりも結果の重視，行事のための表現指導，技術指導の偏重といった実践のありようにも批判の目が向けられるようになった（黒川・高杉，1990，pp.169-191）。

## 4──領域「表現」の登場と残された課題

### (1) 領域「表現」の登場

　1964年の改訂を経て，1989年，保育内容の6領域は5領域「健康」「人間関係」「環境」「言葉」「表現」へと大きく改訂される。領域「表現」は一見すると，6領域時代の「絵画製作」と「音楽リズム」を統合した領域のように考えられがちであったが，それはあくまでも表面的なことで，従来の子どもの表現へのまなざしを厳しく問い直すという意味で抜本的な改革であった。「表現の仕方の教育」からの脱却，「教える」カリキュラムになりつつあった実践から生じる弊害の克服が目指され，これまで日常のなかにあったにもかかわらずあまり目を向けられてこなかった，子どもたちが生活や遊びにおいて周囲のモノや人と関わりあうなかで気づき，感じ，表し，伝えあう経験に価値を置き，それらを表現教育の基盤にしようとしたのである。

### (2) これからの領域「表現」の指導に向けて

　しかしながら，この領域「表現」の登場をめぐっては様々な混乱や戸惑いが生じた。例えば，先にも述べたように領域「表現」が単に「絵画製作」と「音楽リズム」を統合した領域とみなされ，その真の意味が理解されなかったり，領域名から音楽や絵画という具体的な文言がなくなったり，「技術指導偏重」批判への反動からか，それまで行われていた活動を一切否定して歌唱や楽器を用いた活動を全く行わなくなってしまった例，活動を行っても技術に関する言葉かけを全く行わなくなってしまった例などもあったという。一方でそれまでどおりの活動を依然継続する保育現場もあり，保育における表現系諸活動は「技能指導」と「体験の衰退」に二極化するという現象もみられた（永岡，2000）。

　さて，ここまで駆け足で保育内容表現の歴史を振り返ってきた。冒頭で領域「表現」の理念はその登場から30余年を経て，ようやく根づいてきたのではないかと思われる。とはいえ，残された課題はまだ多い。

　例えば，6領域時代に批判を浴びた表現における技能・技術指導についてや，子どもの日常にある経験とその先にある文化的実践との関係についてはどのように考えればよいのであろうか。人間の生涯にわたる育ちを見据えたとき，表

現者たるための技術・技能は必要なものであろう。しかしながら，それらを「いつ」「どのように」身につければよいのか。すでに乳幼児期において芽生えている表現や表現の技術・技能の育ちの基盤を見極め，その先の経験へとどのようにつないでいくのか。私たちおとなに求められているのは，その「橋渡し」の役割なのかもしれない。

 **研究課題**

1. 乳児から幼児の様々な表現に出会って「素敵な表現だな」「おもしろい表現だな」「予想外の表現だな」と感じたエピソードを話しあい，グループごとにまとめ，発表しあおう。
2. 駅や電車のなか，公園等で見つけた子どもの表現について，年齢，行為や会話，そのときの子どもの気持ちを，想像しながら書き留めてみよう。自分がその子ども担任の保育者だったら，園でどのような表現遊びを提案することができるか，考えてみよう。
3. ペットボトル1本を使った表現活動を考えてみよう。一人の場合，グループの場合を想定し，実際に表現してみよう。また，ペットボトルの他に，どのような素材を加えると活動をさらに発展させたり，変化させたりすることができるか考えてみよう。
4. 領域「表現」が登場した1989年前後に出版された，「保育内容表現」に関するテキストを図書館等で探し，読んでみよう。領域「表現」登場の背景やそれ以前の保育の何が課題とされていたのか等についてグループごとにまとめ，発表しあおう。

 **推薦図書**

大場牧夫（1996）．表現原論——幼児の「あらわし」と領域「表現」　フィールドノートからの試論．萌文書林.

レイチェル・カーソン（著），上遠恵子（訳）（1996）．センス・オブ・ワンダー．新潮社.

今川恭子（監修），志民一成ほか（編）（2016）．音楽を学ぶということ——これから音楽を教える・学ぶ人のために．教育芸術社.

皆本二三江（2017）．「お絵かき」の想像力——子どもの心と豊かな世界．春秋社.

汐見稔幸ほか（2017）．日本の保育の歴史——子ども観と保育の歴史150年．萌文書林.

利根川彰博（2017）．好奇心が育む学びの世界．風鳴舎.

宮里暁美（監修）（2018）．0-5歳児　子どもの「やりたい！」が発揮される保育環境——主体的・対話的で深い学びへと誘う．学研プラス.

文部科学省（2019）．幼児理解に基づいた評価．チャイルド本社.

駒久美子・味府美香（編著）（2020）．コンパス　音楽表現．建帛社.

## Column 1

## 子どもの発達と遊び心

　発達における遊びの重要性は，本書だけでなく様々な先人が人間の本質を問うときに提言されるものである。例えば，フリードリッヒ・シラーが「人間は，遊んでいるところでだけ真の人間なのだ」と指摘するように，現代社会で仕事に忙殺されていると，余暇だけでなく人間としての遊び心が人を育てることが思い出される。筆者も，子育ての講演会のときは，アートと遊びの関係を示し，感性を育てる経験が個性をはぐくむことを話すように心掛けている。

　しかし，翻って自身はというと，ほぼ休日のない日々を過ごしている。大学を掛け持ちして，地域連携のボランティア，月に10園を超える保育園のワークショップ，小学校の出前授業など，準備と片づけを数えると余裕のない日常を過ごしている。大学生には体験を味わうことを大切にしてほしいと言っている本人が，何かを味わう余裕がない。

　仕事に忙殺された人なら誰もが思い当たることだと思うが，同じことをしていても余裕があれば楽しくなり，わずかな隙間に自分を投影することもできる。しかし，その隙間という振り幅がないと，保育であっても子どもの悪いところばかり目についてしまい，伸びる存在であることを忘れてしまう。しばし自分はロボットのような対応をしていないか反省することもあった。

　そのような経験から，筆者は半ば必然にかられて自分のワークショップのなかで遊ぶようになった。もともと活動の導入にアイスブレイクとして，なぞなぞを出題していたが，音遊びのクイズをするようになってから，子どもの反応が格段によくなったのである。そして，子どもも自分自身も遊べるユーモアという隙間を意図的に設定するようになった。自閉症でもダウン症でも知的に障害があっても大笑い。ケタケタ笑う子どももいれば，横目でクスッと笑う子どももいる。ユーモアという遊び心が生まれ，リズミカルに進行できるようになった。遊び心はワークショップの活動にも余裕をもたらすことになった。そして，今では，子どもたちの感情の揺れ動きがユーモアで増幅される楽しいワークショップを続けたいと思っている。

　遊びの定義や重要性は，人や時代，地域や文化によっても異なっている。しかし，アートや遊びのように一見，無駄で何か役に立たないようなことが大切にされ，それを味わうことのできる社会になってほしいと思う。子どもたちの発達には遊びが大切と言いながら，それは私たち自身の社会に必要なのだと自分に言い聞かせている。

# 第 2 章

# 子どもの発達と表現

　子どもは自分の気持ちや，心の動き，興味のあることを，体や言葉，歌や制作などで表している。こうした表現の行為を援助するには，子どもの意欲や認知，発達との関係を理解することが有効である。それでは，発達と表現の関係は，一体どのように考えられているのだろうか。第2章では，子どもの様々な表現の背景にある発達について学習する。保育における発達の理解，捉え方，表現との関係について考えていきたい。

# ①節　発達について

　保育は環境を通して行うものであり，子ども自身の主体的な活動を大切にすること，乳幼児期にふさわしい体験が得られるように遊びを通して総合的に行うこと，一人ひとりの発達に即して行うことなどが求められる。そして幼稚園教育要領，保育所保育指針の改訂に伴い，援助者としての保育者の役割の重要性が改めて示された。本節では，「発達」に関する基本的な用語を概説するとともに，子ども一人ひとりの「発達の過程」をどのように理解することが援助者として大切なのかをまとめる。

## 1──「発達」の捉え方

### (1) 発達の意味

　発達するとはどういうことだろうか。人は受胎してから死に至るまでの生涯で様々に変化していく。この変化を「発達」と呼ぶが，変化の過程はけっして一様のものではなく，上昇的変化としての成長（狭義の発達）もあれば，停滞もあり，また下降的変化としての衰退もある（広義の発達）。どのような変化を発達と考えるかという観点により，発達の意味は異なる。

　発達としての心身の変化には，量的変化（身長や体重の増大，語い量の増加など）と質的変化（第二次性徴の出現，体型の変化，思考構造の変化など）の2つがある。

### (2) 発達のメカニズム──遺伝（成熟）と環境（学習）の相互作用

　発達は，生得的にもって生まれた造伝的な特徴の表れである「成熟」と，誕生後の生育環境での経験に基づく「学習」とが互いに相互作用しながら進んでいく。また，人間の赤ちゃんは一見すると，未熟で何もできないかのように受けとめてしまいがちであるが，「見たり，聞いたり，泣いたり」といったいろいろな力をもって生まれてくる。保育と関わって大切なことは，子どもはまわりからの働きかけを受身的に受けているわけではなく，自ら環境に働きかけ，学習をする主体者であり，積極的に環境と相互作用しながら変わっていくという見方である。

　2017年3月に告示された「保育所保育指針」「幼稚園教育要領」「幼保連携型

認定こども園教育・保育要領」（以下，「新指針・要領」）の考え方も，基本的には同様である。「子どもは，それまでの体験を基にして，環境に働きかけ，様々な環境との相互作用により発達していく。保育所保育指針においては，子どもの発達を，環境との相互作用を通して資質・能力が育まれていく過程として捉えている。すなわち，ある時点で何かが『できる，できない』といったことで発達を見ようとする画一的な捉え方ではなく，それぞれの子どもの育ちゆく過程の全体を大切にしようとする考え方である」（2018年保育所保育指針解説）。

## 2——保育における発達理解の変化

「保育」は，子どもの発達を促すために行われる援助であるということができる。適切な援助をするためには，子どもの発達を絶えず確認しながら働きかけることが必要であるが，この「発達」をどうみるか，子どもの育ちをどうみるかについて捉え方が変化してきた。

### (1) 能力論的発達観から行為論的発達観へ

子どもは何もできないようにみえる状態から短期間のうちに様々なことが目にみえて「できる」ようになっていく。こうした成長する姿を目の当たりにすると，「這えば立て，立てば歩めの親心」というように，ともすると私たちは，子ども，人間の発達を「できるか」「できないか」というふうに捉えがちになる（森上（2001）はこれを能力論的発達観と呼ぶ）。その結果，幼児期から「できること」をどんどん増やそうとしたり，小学校以降のことを考えてよかれと思う様々な体験をさせてしまったりする。

しかし最近では，「できる」こと（つまり子ども自身の力）を使って，子どもが実際に「どうやっているのか」，あるいは「できる」ことが本人のなかにどう位置づいているのかということが重要視されるようになってきた。本人のなかに位置づくとは，それがその子の自信や自己肯定感になっているのか，それとも優越感になっているのかというようなことである（森上（2001）はこれを「行為論的発達観」と呼ぶ）。行為論的発達観では，「できない」としても，それを子どもがどう受けとめているのかを問題にする。つまり，子どもが，「できないことはいまの自分の発達の課題ではない」と考えているのか，あるいはできないことがその子に重くのしかかる劣等感になっていないか，というように，

「できないこと」を本人がどう受けとめているかというようなこと（子どもにとっての意味）を重視するようになってきた。

## (2)「発達段階」の捉え方

　子どもの発達をみるとき，何か月とか1学期と2学期というように，ある程度の時間的経過を経たところでの変化を比較し，それを発達として捉えることが一般的である。発達は，いつも同じ速度で進むわけではない。比較的ゆるやかな変化をたどる時期と，それまでとはまったく異なった姿をみせるようになる時期があると考えられている。この「それまでと大きく異なる」変化の時期を「質的転換期」と呼び，ある質的転換期から次の質的転換期までの比較的ゆるやかな変化をたどる時期を「発達段階」と捉えている。

　「表現」に関わりの深い「描画」についても発達段階が示されている（図2-1，長坂，1989）。実際に子どもが描く絵を見ると，この発達段階表に示されているような変化の過程を確かめることができる。

　こうした「発達段階」についての知識は，捉え方次第で保育にとって意味をもつことにも逆にマイナスになることもある。

　例えば，4歳児クラスの子どもがいつもなぐり描きしかしなかったり，5歳児クラスの子どもが頭足人ばかりを描いていたりしたとする。このとき，多くの保育者は，自分のその子どもに対する援助のあり方に問題はなかったかを見直すだろう。具体的には，その子どもの描画経験は不足していなかったか，描画以外の場面では子どもの行動はどうか，などを考えてみることが多い。このとき，描画の発達段階についての知識は，保育者にとって見通しをもって子どもの姿を見守ったり，自分の保育を振り返ったり，その子どもの姿を見直すための手がかりの一つとなり，大きな意味をもっている。一方で，絵を描く練習を始めることもあるだろう。その結果，自信をもって描けるようになる子もいるかもしれないが，逆に絵を描き表現したりすることが嫌になってしまう子どもも出てくる。この場合に問題なのは，「○歳頃に，〜ができる」といった発達の目安になる行動が，子どものあるべき姿として絶対的な物差しとなり，それを外から直接当てはめてしまうことである。先に行為論的発達観で述べたように，「○○の絵を描いてみたいなあ」という子どもの気持ちがどのようにして生まれるのか？　○○を描きたいと思いながらも，それがうまく表現できない

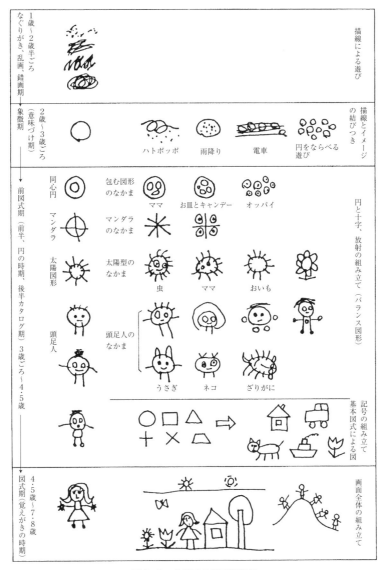

図2-1　幼児画の発達段階表

注：矢印は人物表現の発達過程を示す。

出所：長坂（1989）

心の葛藤を子どもはどう感じているのか？など，子どもの内面を知る努力をしていくことが大切である。

「発達段階」の捉え方について大場（2001）は，「段階」という用語に相当する英語がステージ（stage）であり，それは別に「舞台や場」の意味で用いられることから，「発達の描き出し方は，階段状のステップとは相当に異なったものになります。つまり，ストーリーがあり，主人公が登場し，脇役がまわりを固め，生き方を示す場であり，舞台らしく大道具や小道具に匹敵するモノも位置を占めます」という考え方を提案している。「発達段階という考え方は，その時期ならではの育ちの特徴を捉えるという点に大事な意味がある。ステップではなく，育ちのステージに注目するところに特徴がある。保育実践の場で捉えるなら，子どもの育ちのステージがどのようなものであるかをじっくり見定めることが一つのポイントになるはずです。何ができるようになったかというよりは，いまその子がどういうことに関心をもちはじめていて，どういうことをしたがるか，あるいはどういうかかわりをもとうとしているか，というように，子どもの体験の中身に目を向けてみようとする方向へ向いている」というのである。

### (3)「発達段階」と「発達の課題」

先にみたように，発達段階は時期が来れば自然に変わるわけではない。それ以前の段階での発達をもとにして，その段階として十分に発達を遂げることが，次の段階での発達に欠かせないのである。このように，それぞれの発達段階において達成することが求められる課題を「発達課題」（Havighurst, 1953）と呼ぶ。

これまでの「発達段階」や「発達課題」の考え方は，「○歳頃には，〜ができる」「〜の姿をしている」というように「平均的な子ども」を想定して形づくられたものである（幼稚園教育要領や保育所保育指針においては「内容」として示されている）。保育実践においては，同じ生活年齢の子どもがひとつのクラスで生活する場合が多く，「発達課題」が年間指導計画を根拠づける役割を果たし，保育実践の指針として役立ってきたし，これからも年間指導計画を立てるためのおよその目安として有効性をもつと考えられる。

鯨岡（2001）は，「発達課題」の概念は「平均的な能力発達像の提示」という

本来の意味を越えて，どの子どもも「発達段階」や「発達課題」が指し示す「発達の過程表」に沿って発達すべきだという暗黙の考え（つまり誤解）を保育者にもたらし，その結果，保育者は一人ひとりの子どもをその「平均像」に照らして評価し，それに届かない子どもをその「平均像」へと押し上げようとすることが保育であると考えるようになったと指摘している。その上で鯨岡は，一人ひとりの「発達の課題」を考えようとする動きは，「みんな一緒に」という一方の保育目標に偏った画一的な一斉保育の動向を改め，誰もが同じペースで発達を遂げるのではないという発達の個人差を認めるところにその主旨があると述べている。

**(4) 保育における「発達の課題」の意味**

　一人ひとりの「発達の課題」を知ることは，保育における子どもへの対応のしかたにも大きく影響している。

　例えば，4歳児クラスのある子が「遠足で見てきた動物」を描くという場面で，「つまらないから嫌だ」と，絵を描こうとしなかったとする。その理由の一つとして，「ゾウの絵を描きたいけれど，自分のイメージどおりの絵を描くことができない」と，その子なりに葛藤していることが考えられる。自分なりにイメージをもつこと，まわりの友だちの絵を見て自分の絵と比較し，自分なりにうまく描けたかどうかを評価することは，このころに獲得する力であり，こうした力を獲得しているからこそ，あらかじめ絵を描くこと自体をしないと考えられる。この場合に無理やり絵を描かせ，「うまくかけたね」などと言ってしまうと，その子のプライドが傷つくことになるだろう。その子の絵のどういうところが魅力的なのかを伝え「うまい・へた」という評価ではない見方ができるような働きかけをすること，またイメージどおりに描くためにどうすればいいのかを具体的に援助することが必要になる。

　他にも，朝，家を出かけるときに母親にしかられてしまい，気持ちが沈んでいたり，睡眠不足ですっきり目覚めていないなど，「発達の課題」とは異なる理由で絵を描かない場合もある。このように，一人ひとりの行動の背景にある理由を見極め，適切な対応をするために，「発達段階」や「発達の課題」についての知識は重要である。

## (5) 発達をプロセスとしてみる

　従来の発達の考え方は，一般的な子どもの変化の姿を，長期的に捉えようとすることに特徴があった。しかし子どもの発達的な変化は，実は日々の保育のなかでも継続的に起こっている。したがって，子どものなかで，そのような変化が，どのようなきっかけで生じ，どのように進んでいったかというプロセスをきちんと捉えることが必要になる。このことは，保育所保育指針のなかで，「発達段階」「年齢区分」という考え方から「発達過程」という考え方への変化として表現されている。

　このことについて，森上（2001）は，「幼稚園教育要領では1956（昭和31）年の制定以来，保育内容は『入園から幼稚園修了までに身につけることが望まれる事項』として位置づけられている。ここで強調されているのは，『保育内容』に示されている事項を直線的に身につけさせようとすることではなく，個々の子どもが『事項』を身につけるまでにはそれぞれの幼児により，あるいは保育年数の違いなどにより，さまざまなプロセスをたどるものであるということである」と説明している。

　また，保育所保育指針では長い間，保育内容を発達段階別に「年齢区分」として示してきたが，2000（平成12）年改定で「発達過程区分」に，2008（平成20）年の改定では「発達過程」へと変更された。この「発達過程」として示してある保育内容は「同年齢の子どもの均一的な発達の基準ではなく，一人ひとりの子どもの発達過程としてとらえるべきものである」と記述されており（第2章子どもの発達　2発達過程），「到達度とか発達の基準ではなく，発達の方向を示しているわけですから，ねらいや内容に向けて発達していく一人ひとりの発達の様相は当然異なってこなければならない（森上，2001）」ことになろう。

　なお，近年「社会・情動的能力（非認知能力）」の育ちの重要性が指摘されている。これは，文字の読み書き・計算など認知できる，数値で測れる「認知能力」とは異なり，目に見えない・数値化しにくい能力で心や社会性や自己決定に関わる力のことといえ，「認知能力」を伸ばす上でも大切だと考えられる。新指針・要領において，従来の5領域（健康，人間関係，環境，言葉，表現）に加えて，幼児期において「育みたい資質・能力」として「知識及び技能の基

礎」「思考力，判断力，表現力等の基礎」「学びに向かう力，人間性等」の3つ
の柱と，「幼児期の終わりまでに育ってほしい姿（10の姿）」が新たに示された。

　新指針・要領に示された3つの「育みたい資質・能力」のうち「学びに向か
う力，人間性等」は，特にこの「社会・情動的能力（非認知能力）」に関わるも
のとされている。また，「10の姿」は，幼児の自発的な活動である遊びや生活を
通して，就学前の5歳児後半の段階で育まれていることが望ましい項目として
示されている。これらについても，小学校以降の教科教育のように，保育者が
特定の姿を取り出して指導し，その達成度合いを評価するものではなく，発達
過程の考え方と同様に「一人ひとりの子どもによりさまざまなプロセスをたど
る」こと，また5領域と同様に「遊びを通しての総合的な指導」によって3つ
の柱と10の姿がそれぞれ相互に関連し合いながら，一体的に育まれることが大
切であるといえよう。

## 3 ── 発達の新しい考え方と「表現」

　これまで，新しい発達の考え方について述べてきた。それは，一人ひとりの
発達をプロセスとして，あるいは相互作用として捉えることであったが，さら
にいえば，子ども自身がその時々の体験をどう位置づけていくかというプロセ
スとして考えようとしているともいえる。

　そもそも「表現」は，私たちが感じたこと・考えたことを外に表し出す営み
である。したがって「子ども自身がその時どきの体験をどう位置づけていく
か」ということは，「表現」と関わって非常に重要な視点であろう。

### (1)「自己性」の発達と子ども自身の「発達体験」

　鯨岡（2001）は，「発達の過程」を重視するときに問われる「発達」を考える
際に子ども一人ひとりの「自己性」のありよう（その子のひととなり＝世界に
対する構え方とでもいうべきもの）をみる視点を重視し，次のように述べてい
る。

　「たとえば，はじめて出会ったときの子どもの印象は一人ひとりみな違います。
その違いの中心にくるのは，能力の違いである前にその子どもの自己性のあり
ようの違いです。エネルギーが体中に溢れているような元気な子ども，表情は
明るいけれども穏やかな子ども，物事に向かう意欲を感じさせる子ども，他の

子どもに気持ちが向かっていく子ども，あるいは能力的には高いものをもちながら，なかなか皆と遊べない子ども等々，子ども一人ひとりの『自己性』のありようはまさに千差万別です」

そして，「本当の意味で一人ひとりの子どもを理解しようとする場合，その子が『何ができ，何ができないか』ではなく，その子が何を面白いと思い，誰を信頼し，何が嫌だと思うかなど，要するにその子がいま世界をどのように生きようとしているかをとらえることができてはじめて，その子の気持ちに寄り添った対応が可能になる」とし，このことこそ，一人ひとりの「発達の過程」を重視することだとしている。

また，子ども自身がその時々の体験をどう位置づけ，どのように生きようとしているかについては，津守真の「発達体験」という考え方が参考になる。西原（2001）は，津守の考えをもとにして，子ども自身が「主体として育つ」ということを次の4つの観点から捉えることが重要であると述べている。

①存在感：まわりから今のままでよしと自分が認められている安心感や自分がいることの価値が認められているという自信

②能動性：自分からしようとすること

③相互性：その子どもと保育者や他の子どもとの間で行なわれるやりとりのなかに感じられる楽しさの質や，そこでお互いに調整し合うなめらかさの質

④自我（中心性）：その子どもがよろこびをもって自分を感じている場面は何か，また自分の身体や気持ちを自分で支えたりコントロールしようとしている場面は何か

いいかえると，子ども自身が日々の生活のなかで上記のように感じられる「体験」を積み重ねることができるように配慮すること，またそうした「体験」の意味を考え理解しようとすることが大切なのである。

## (2) 発達過程と「表現」

では，発達の新しい考えのなかで「表現」はどう捉えられるだろうか。

黒川（1998）は，幼児の表現について，「表現は，自己の内面の世界を外の世界へ置きかえることである。その始まりは，表現する人の心の動きであり，その人が感じたこと，思ったことである」とし，保育者が子どもに関わる際に大

切にすべき点として，子どもは「多様な表現の方法をもっている。というより，どんなものでも表現の手段にしてしまう。子どもたちも，自分の身体で表し，手元のものを仲立ちにして表す。声に託し，音の響きに託し，色や形に託して表す。その表される思いを，しっかりと受け止めてやりたい。その思いのなかに，育ちを読み取り，その思いの豊かな育ちを願って，子どもたちの表現を育てていきたい。それは表現に至るまでの過程を大切にすることであり，表現の土壌を育てようとすることである」（下線筆者）ということを強調している。

　吉村（2001）は，「発達過程」という言葉を通して目の前にいる一人ひとりの子どもの行動を見つめ直してみることの重要性について，一つのエピソードを紹介している。少し長いが引用しよう。

　「四歳組には造形遊びの材料にと集めておいた大量の牛乳パックが部屋の隅に置いてある。今朝，出勤してくると，早く登園した裕之と卓也の二人が一個ずつ牛乳パックを床に置いてその上に飛び乗り，箱をつぶそうとしている。思わず『なにしているのよ，箱がつぶれるじゃないの』と言うと二人は『なかなかつぶれないんだよ』と勢いをつけて繰り返している。私は箱をつぶしてはいけないと叱ったつもりなのに，二人は箱をつぶすのが目的であったらしい。意外な答えに気勢をそがれ，破壊的なことが気になるもののこれも彼らの遊びとして見守ることにした。箱は大量にあるので寛容になれるのが自分ながらおかしい。後から登園した他の子も試しているうちに「かたいね」「つみきみたい」「おうちつくろうか」などのことばが聞かれるようになった。先の二人は空き箱で遊んでいるうちに，紙の箱なのにかたくてつぶれにくいことを発見し，どのくらい強いか試していたものとみえる。たしかに全身の力をこめて箱をつぶすのは彼らのエネルギーを発散するおもしろい遊びに違いない。しかし，そうやっているうちに牛乳パックの，中は空洞でも丈夫な構造になっていることを体感し，それを遊びにいかそうとしていることに気づかされた。彼らのいたずらには意味があったのだ」

　吉村は，この保育者が2人を乱暴なことをする子と捉え，「つぶしてはだめよ，あとでみんなでロボットをつくるんだから」と片づけてしまったら，この子たちの豊かな素材体験はできなかったであろうこと，また「いたずら」を体験学習に転換させるのは，いたずらの楽しさに共感できる保育者の存在ではないか

と述べている。この保育者のように「いたずらとみえる行動の奥にある子ども
の心の動きを察知すること，いたずらから発展していくであろう次の育ちを思
い描くこと，それが『発達の過程』をみていくことになる」ということがよく
わかる事例である。

## 節 表現の発達について

　第1章でも示されたように，子どもの表現は，本来，総合的に重なり合い連
動し響いていくものである。その様子を分類して捉えることはできないが，本
節では，その表現の特徴や発達の傾向を理解するために，あえて3つの窓口か
ら子どもの表現を捉えていきたい。

　3つの窓口とは，身体的表現，音楽的表現，造形的表現である。この窓口を
並列し，年齢ごと（0〜1歳頃，2〜3歳頃，4〜5歳頃）に子どもの行為や
様子を示すことで表現における発達の過程を捉えたい。一度分類し，時間軸に
並べることで，その連続性を理解するという試みである。また，年齢ごとのキ
ーワードとして「表出」「再現」「表現」を示し，発達の過程を理解する手掛か
りとした。このキーワードをもとに，縦軸と横軸の相互関係を捉えてほしい。

　子どもの表現は，どのような発達過程をたどっていくのだろうか。表2−1
をもとに，発達に伴う表現の傾向や特徴を理解し，その理解を踏まえて改めて
総合的な表現を発達に応じて考えていきたい。

表2-1　身体的表現・音楽的表現・造形的表現の発達過程

| 心身の発達 キーワード／表現の視点 | 0～1歳頃 【表出】 聞く・見る・動かす・触る・感情を表す・欲求を示す・一人遊び・見立てる | 2～3歳頃 【再現】 気づく・繰り返す・模倣・見立て（ごっこ遊びなど）・覚える・物語性やルールの理解・自我が強まる | 4～5歳頃 【表現】 自意識が芽生える・他者と関わる・共同できる・表現技術の獲得 |
|---|---|---|---|
| 身体的表現 | はじめは，生理的な快・不快の表出が，泣くや笑うなどの表情で表される。次第に自分の欲求などを，手や手先を動かして伝えようとする姿がみられる。保育者との関わりから動くものに興味を示し，表情が和らいだり，手足の動きとなって表れる。 1歳頃になると，身の回りの人や物に自発的に働きかけるようになり，興味があれば，身振りや指さしなどで関わりをもとうとする。歩き始めると，行動範囲が広がり，いろんなものを触ったりいじったり動き回る。そして，イメージしたことをまわりにあるもので見立てて遊ぶようになる。身近な人や保育者の動きを模倣したり，他の友達のしぐさや行動をまねする姿が表れる。 | 身の回りのことを自分でしようとしたり，自己主張する姿がみられる。周囲の人や目にした生き物などをよく観察をして模倣する。そして，目にしたものになりきり，身体で表現し，まねっこ遊びを楽しむ姿がみられる。 3歳頃になると，一通りの基本的な動きができるようになり，自分の身体のコントロールや身体感覚が養われていく。生活のなかの活動や動物や乗り物，絵本に登場する人物など，自分と同化して捉え，想像を膨らませて表現する姿がみられる。さらに，保育者の動きやこれまでに目にしたこと，経験したことを再現し，保育者や友達との会話を楽しみながらごっこ遊びが展開される。 | 身体の動きが巧みになり，バランス感覚のとれる動きがみられるようになる。模倣することから創造して動く姿がみられるようになり，空間を広く使い，自分なりの表現を楽しむ姿がみられる。身体表現活動では，空想の世界を身体で表現したり，独自の世界で身体表現の活動に集中する姿がみられるようになる。 5歳頃になると，自分の身体をコントロールできるようになり，緩急のある表現をしたり，リズミカルに動くことができるようになり，よりダイナミックな動きが表れるようになる。模倣表現から自分の創造をからだで表現するようになり，友達と相談しながら身体表現活動が展開されるようになる。 |
| 音楽的表現 | 心地よい，不快，などを声で表す。クーイングや歌うような声を出す。 養育者の声のほうを向き，養育者のマザリーズ（対乳児音声）などに反応する。 触ったり転がしたりするだけで音がなるおもちゃに興味を示したり，太鼓やタンバリンなどを叩いたりして音を出して遊ぶ。 わらべうた遊びなどで，歌に合わせて動こうとしたり，声を出したりする。 わらべうた遊びなどのクラ | 歌の歌詞やメロディーを覚えて歌おうとする。 養育者が行う手遊びやわらべうた遊びなどの歌や身振りを模倣したり，音楽の拍に合わせて動こうとしたりする。 歌のなかや生活のなかの人間以外の生き物（あるいは無機物）になりきって鳴き声を表現したり擬音語などを出したりする （おひさまぽかぽか，うさぎがぴょんぴょん，かえるがゲロゲロ，いぬがわんわ | わらべうた遊びなどで養育者側の役割をしたがる。 わらべうた遊びなどで，新たなルールをつくったり，歌詞をアレンジしたりするなど，発展させて遊ぶ。 肺活量が増えるので，吹奏楽器にも挑戦できる。様々な楽器に興味をもって演奏しようとする。 合唱や合奏などで，友達と違うパートを演奏することができる。 1曲の歌をすべて歌えるようになる。 |

| | | | |
|---|---|---|---|
| | イマックスを記憶し，期待し，気に入った遊びを何度も遊びたいと要求する。 | ん，など）。わらべうた遊びのルール，順番などを理解して遊ぶ。簡単な打楽器（カスタネットやタンバリン，鈴など）で単純なリズムを打ちながら歌うことができる。養育者の模倣だけではなく，自分が思うように歌ったり身振りをつけたりしたがる。 | 音の要素を変化させることによって感じ方が異なることに気づき，表現へとつなげられる。 |
| 造形的表現 | 素材に気づき，見る，触る，舐めるなど，外界に触れながら，確認をしたり触覚的に捉えようとする。素材と戯れたり，遊んだり，興味や好奇心が芽生える。積み木遊び，砂遊び，水遊びなど触覚的な遊びが広がる。1歳頃には，視覚的，運動的心地よさから，なぐり描き（スクリブル）などをする。 | 気づいて覚えるなど，行為を楽しみ，繰り返しながら遊ぶ。素材や道具との出会いから，自分のペースやこだわりも芽生える。行動の範囲が広がり，見立てができるようになる。形になることを試したり，より意識的に遊ぶ工夫をする。積み木を積み上げたり，並べて電車に見立てたり，砂でケーキやプリンをつくったり砂団子をつくったりする。2，3歳頃には，描画で円や形を描き「ママ」「ブーブ」など意味づけ（命名）をする。3歳頃には，次第に描く内容が豊かになり，描いたものを羅列したり，断片的に描いたりする。また，円から直接，手足らしき線（頭足人）も出てくる。 | 行為を楽しむことから目的や意識をもって表現するようになる。みんなのなかの自分を意識し，友達とテーマを共有したりする。新しく出会った素材を工夫して扱い，道具も自分なりに試して使うようになる。空き箱を組み合わせたり，他の素材と組み合わせたりして，遊び道具などをつくる。友達と協力して，大型積み木や段ボールを組み合わせてお店や基地をつくる。花・人・太陽などを自分なりの表現で描く。自分の興味のあるものを拡大して描いたり（拡大描法），バスのなかの人物を描いたり（レントゲン画），テーブルを中心に倒れたように描く（展開描法）など，見えた通りではなく，知っていることを描く。 |

# ◆3◆節 現代における子どもの表現

　本節では，現代社会における子どもの表現について考えていきたい。しかし，本題に入る前に疑問を投げかけて申し訳ないが，このテーマ，日々，子どもの表現の近くにいる仕事をしていると，素直に応えられないものだと思えてしまう。例えば，よく最近の子どもは○○が遅れている，○○ができなくなったといわれることがある。しかし，子どもを一括りにして指摘できることではないし，仮に，現代における子どもの表現について端的に示す言葉が見つかったとしても，なぜか実質を伴わない恣意的なものが感じられてしまう。気鋭の学者であれば，この難題を切ってみせることができるのかもしれないが，仮にそうであっても，その指摘は，保育の現場にどのように反映されるのだろうか。

　本節では，このような違和感に対して，実際の表現にまつわるエピソードをたどっていくことで，現代の子どもの表現について考えていきたい。いずれも時代に少しだけ関連する事例を取り上げてみたが，大切なことは，子どもの表現に対して，表面を捉えることではなく，それが生み出された過程やプロセス，または，内的な変化を理解することだと思う。例えば，表現されたものを氷山の一角とするなら，その見えない水面下を見ようとする態度が必要だといえる。

## 1──将来の職業にはじめてユーチューバーが登場したとき

　筆者は，保育者養成校の教員であるとともに，保育所やこども園，小学校や美術館で子どもを対象としたワークショップをしている。同時代の子どもたちと関わる肌感覚をもって大学教育に携わりたいと様々な現場でファシリテーターを務めている。

　また，保育所では5歳の子どもを担当することが多く，月に1回のペースでアート活動，動く工作，手づくりおもちゃ等を制作するワークショップを実施している。

　最初に，ある年の保育園で卒園を迎える頃のエピソードを紹介したい。それは，毎年恒例の「大きくなったらなりたい職業」のワークショップをしたときのことである。

　その保育所では，毎年卒園式のときに，自分が将来なりたい職業の人形（工

作パタパタ人形）をつくり，クラス全員の人形が並ぶ花道を通って壇上に上がり，マイクに向かって「将来なりたい職業」を発表するという指導計画がある。自分を模した人形は，将来大きくなった姿の分身として制作されている。

　また，日々の保育もワークショップと結びつけて考えるよう伏線が引かれていて，仕事の絵本を読み聞かせしたり，子どもの絵を飾ったり，5歳児の気持ちが高まっていくように生活と連動していく。筆者自身もアイディアの参考になるものを考え，なりたい職業をイラストで描いて持参するようにしていた。

　あるとき，子どもたちに聞いた職業のリクエストが集計されたとのことで電話がかかってきた。すると「杉山先生？」と，困った声で始まった。電話の声は，副園長先生だった。「とうとう出ましたよ。将来なりたい職業に，ユーチューバーが入りましたよ」。困惑した様子だった。

　「スポーツ選手，パティシエ，モデル，お医者さん，お花屋さん，大工さん，そして，ユーチューバー……」。今でこそ，ユーチューバーがなりたい職業に入ることは少なくないが，当時は，それほど子どもたちに浸透していない仕事であった。

　「どうします？　手にモニターでも持たせます？」私は，事情がわからないため，おうかがいをたてた。すると，少し時間を置いて担任のN先生が電話に代わった。「大丈夫ですよ。杉山先生！　よろしくお願いします！」「……？」うって変わって，拍子抜けするような明るい声だった。

　一体，何が大丈夫なのか。電話ではアンケートのときのやりとりが全く見えてこない。それでも，理由はわからないまま当日を迎えることになった。

　さて，将来なりたい職業という質問は，ある企業の調査アンケートとして定着し，時代や世相を反映していると考えられている。スポーツ選手が活躍した年，宇宙飛行士が注目された年，アイドルが席巻した年など，様々な職業が子どもの将来像と重なり，憧れの存在として語られている。

　そして，ユーチューバーである。ユーチューバーは，実は，将来なりたい職業に数えられた当初から，アンケートの裏質問となる「おとながなってほしくない職業」になっている。おとなからすれば，不安定，継続しない，過激になっていく，本来の仕事ではない等々，否定的な意見が挙げられる。ユーチューバーは，おとなの労働観からすると認めにくい職業なのだろう。筆者も，自分

の子どもがユーチューバーになりたいと言ったら相当な戸惑いを覚えるに違いない。

　腑に落ちない筆者の気持ちとは裏腹に，将来なりたい自分をつくる工作パタパタ人形のワークショップが始まった。筆者は，ワークショップ導入のクイズのなかに，ユーチューバーを仕込まずに準備をした。クイズの雰囲気に左右され，ユーチューバーをつくる子どもが増えることを懸念していたのである。

　導入を終えて，改めて職業を子どもたちに問いかけると，2人がユーチューバーと宣言して，自分のパタパタ人形をつくり始めた。

　一人の子は，「ユーチューバー，ユーチューバー」と呪文のように繰り返すだけで制作は進まない。しかし，もう一人の子は，なぜか昆虫をつくり始めた。力強いタッチで角を描き，細かいギザギザをハサミで切っていく。羽根はゴールドに塗られ，パタパタ人形の手には，勇ましいミヤマクワガタが接着された。さらに，人形のユニフォームは，白衣のように折り紙が巻かれ，顔は学者のように眼鏡が描かれた。

　筆者は，いつも子どもたちの表現を後押しするような援助を心掛けているのだが，クワガタを持たせた人形の意図を汲み取ることができずに傍観をしていた。

　すると，担任のN先生が，その子の机の横に座って「いつもより，かっこいいクワガタだね」と満面の笑みで言葉をかけた。応援とも安心とも聞こえる優しい声かけに，その子は，照れながらもうなずいて制作に集中していた。色とりどりのなりたい職業の人形が完成し，ワークショップは無事に終わった。

　そして，ワークショップを終えた昼休み，ことの経緯を担任のN先生が教えてくれた。その子は，当時，流行していた虫のゲームからユーチューバーにたどり着いて，昆虫博士になってそのおもしろさを広めたいとのことだった。その子にとって将来なりたい職業は，目的ではなく手段だったのである。しかし，そうはいっても，自分の気持ちをうまく表すことができずにいたという。それでも，担任のN先生は，揺れ動く気持ちも含めてその子を理解しようとしていた。

　「なあーんだ。電話のときに教えてよ」と筆者が言うと，「私だって自信はなかったんですよ。でも，先生が決めつけるのはよくないなぁって思って」と，

本音をのぞかせた。日々の保育で子どもたちを理解しているN先生であっても，確信のもてない手探りの支援だったのである。

　筆者は，このときやっと電話先の「大丈夫！」の意味を理解することになった。N先生は，昆虫ユーチューバーをつくる思いが壊れないように，辛抱強く友達や先生の間に入って細やかな配慮をしていたのである。

　筆者は，子どもを理解すること，そして，その個性が育つように擁護しながら思いやりをもつことをN先生から感じていた。さり気なくいろいろな人の間に入って，その気持ちを翻訳し，気遣いながらその子を信じていた。いや，N先生は，あの子がクワガタをつくらなかったとしても，きっと肯定していたのだろう。N先生は，目に見えるクワガタの背後にある内面の変化を見続けていたのである。

　1か月後，その子は，卒園式のときに，人形の花道を通ってマイクに向かった。そして，堂々と「将来なりたい職業はユーチューバーです」と宣言し，拍手喝采を受けたと聞かされた。宣言されたユーチューバーの本当の意味を正しく理解していたのは少数であったかもしれない。しかし，その拍手には，子どもの成長を信じている気持ちが込められていた。

## 2——家族の絵

　3人の顔が描かれた絵がある（写真2-1）。何を描いたのかというと，それは家族であるという。描いたのは，小学校4年生の子どもだから，発達的な見方をすれば，やや幼く未熟な絵に見えるかもしれない。しかし，筆者たちにとって忘れられない一枚であって，描いたのは児童養護施設から大学のワークショップに通っている小学生が，担当する学生を描いたものだった。

　筆者は，もともと療育施設の芸術療法をしていた経験があって，大学では地域の連携事業を担当し，市内の障害のある子どもたちを対象に，遊びを通じた発達支援をしている。市の療育事業を委託するかたちで造形ワークショップを実施しているが，自分のゼミでは未就学の子どもを対象に，有志のボランティアでは小学生の子どもを対象にワークショップを実施している。

　開始からかれこれ十数年経つワークショップとなっているが，これは，はじめて児童養護施設で暮らす子どもが参加することになったときのエピソードで

写真 2-1　「家族」を描いた絵

ある。

　ワークショップは，市報を通じて，年度ごとに参加者を募っている。いつも定員を超過するため人数調整が必要となっているが，事業スタッフが「受け入れてください」と 2 枚の書類を持参した。

　事情を聞くと，市の療育事業のワークショップであるが，養護施設の子どもも参加できるのかという問い合わせを受けたとのことだった。さらに，軽度の障害も伴うとのことなので，参加してもかまわないということになるが，このとき，学生も含めて筆者たちは戸惑いを覚えていた。

　障害のある子どもたちを受容することは，経験的に蓄積があった。しかし，同じように接してもいいのだろうか。いや，同じようにするべきではないのか。話し合っても具体的な作戦を立てられないまま，ベテランの学生が 2 人で担当すること，家族の話はしないようにすることぐらいの取り決めでワークショップが始まった。

　蓋をあけてみれば，参加したのは，事前の不安など吹き飛んでしまうような元気のある 2 人の子どもであった。ワークショップが始まる前に，鬼ごっこやボール遊びを全力でして，汗だくのまま参加をする。疲れることなど全くない。ずっと笑っている。ときに言葉が少なかったり，対面の距離が近すぎたりすることもあったが，元気な印象ばかりの子どもたちであった。

　当時，筆者がファシリテーターを務めていたが，手助けが必要とされること

は全くなかった。担当となる男子学生と思い切り遊んで，抱っこをしておんぶをして，ひたすらじゃれつき，もう一人の女子学生が，タオルを差し出すということが習慣になっていた。

　たまにワークショップを休むことがあるが，そのときは母親に会っていたのだと聞かされた。そして，ゆっくりと時間をかけて，いろいろなことがわかっていく。母親に障害のあること，自宅には母親しかいないこと，一緒に自宅に住めないこと，少しの知的発達の遅れが言葉の発達と関係あること，さらに，生活習慣も含めて多くの経験が必要とされていること。

　しかし，その背景がワークショップに影響することはなかった。思い切り遊んで，制作をして発表をするということを繰り返すだけだった。

　月日が流れて，冬を迎えるクリスマスリースをつくるワークショップのときだった。その子は，いつものように学生とじゃれあい，鬼ごっこが始まったときに，画用紙に3人の顔を描いてみせた。その下には担当していた2人の学生の名前が書かれ，「ん，ん，家族だ。ボクの家族！」と言ってダッシュで逃げた。鬼ごっこが始まった。顔にバツを描いたのは，驚いた学生を茶化すための可愛らしい試し行動だった。でも間違いなく「家族！」と言った。

　そして，その日のワークショップでは，家族の絵が連作として描かれ，クリスマスリースにも3人の顔が描かれた。

　ワークショップを終えた反省会のときに，担当していた学生はぽそっと話した。「……やってよかったです。……自分も満足です」。本当にそうだった。学生全員，込み上げるものがあった。

　学生を家族として描いたのは，鬼ごっこをおもしろくするためであったかもしれない。しかし，彼の成長を応援する筆者たちにとって，それで十分だった。

　筆者も，ファシリテーターを務めながら，少し満ち足りた気持ちで「やっぱり，表現って何だろう？」と自問自答して，これは言葉にしてはいけないと思った。汗だくになるほどのじゃれつき遊びの信頼関係が，あの絵を描かせたのだとしたら，そうやってあの子は何かを取り戻そうとしていたのかもしれない。しかし，その何かを言葉にしてしまうと，彼の内的な成長が色褪せてしまうような気がした。

　そして，後に，その子を担当していた男子学生は特別支援学校の教員となり，

女子学生は療育施設に就職していく。たとえ一瞬であっても，家族になった3人の出会いは，学生の進路を決めることになった。

## 3——現代を生きる子どもの表現

　もともと表現することは，その時代や地域，または文化の表象行為として捉えることができる。現代では現代の，東洋では東洋の，それぞれの文化や地域を象徴したものと考えることができる。また，それは，保育においても同様である。先に，氷山の一角として表象行為が表れ，その水面下には様々な背景や物語があると述べた。保育であれ，教育であれ，表象の下には個々人のストーリーが隠されている。そのため，見えないプロセスに目を向けてみると，それぞれの気持ちの変化や成長のストーリーを感じることができる。それは，批評したり評論をしたりすることではできない，育ってゆく視点である。

　私たちは，子どもの表現というものを，現代を生きる子どもの表現として捉え直していかなければならないのではないだろうか。子どもたちの表現を批評するのではなく，育っていくための表象として理解するとき，どのような視点をもつことができるだろうか。N先生が手探りで模索をしていたように，わずか先の未来のことはわからない。だからこそ，一人ひとりの意思を信じて成長を祝福するような心もちで子どもたちの表現を受けとめていきたい。

 **研究課題**

1．子どもの頃の遊びの経験を思い出して書いてみよう。そして何に夢中になっていたのか，そのときの気持ちはどのようなものだったか書き出してみよう。
2．実習のなかで子どもの遊びを記録し，子どもが経験していると思うこと，夢中になっていると思うことについて仲間と話し，いろいろな考えを出し合ってみよう。

**推薦図書**

川田学（2019）．保育的発達論のはじまり——個人を尊重しつつ，「つながり」を育むいとなみへ．ひとなる書房.

# ジェンダーバイアスと性的違和感をもつ子どもについて

　国連の持続可能な開発目標（SDGs）は，性別による差別や不平等の解消を掲げているが，日本は取り組みの遅れが指摘されている。性別に基づく固定観念や思い込みを取り除くのはジェンダー平等実現への出発点といえる。子どもの身のまわりのあらゆるものにジェンダーバイアスがかかっている（女の子はピンク色やリボン，男の子は青色やライオン等）。近年は「女の子だからこれはだめ，男の子だからこうしなさい」等と言わないよう意識している園，「個人マーク」を，おにぎりや魚など男女どちらのイメージにも偏らないデザインにする園など，大人の「偏見」を無意識に植え付けないよう見直す動きも広がりつつある。

　一方，中塚（2013）は，性別違和感（Gender Dysphoria：自分の体の性別に対する違和感）がいつ始まるかについて，岡山大学病院ジェンダークリニックを受診した性同一性障害当事者1167名では，約9割が中学生までに性別違和感を自覚しており，特にFTM当事者では小学校入学前に約7割がすでに性別違和感をもっている（表）という。また，性同一性障害当事者は，子どもの頃，多くの不安をもっており，MTF当事者の調査から，性同一性障害について知らなかった時期には，「自分が何者かわからない」「自分はおかしい」「自分はいない方がよい」などと感じており，自己肯定感も低下していると考えられること，さらに周囲の無理解やいじめにより，うつや引きこもり，自殺をしよう

表　性的違和感を自覚し始めた時期

|  | 全体（n = 1,167） | MTF（n = 431） | FTM（n = 736） |
|---|---|---|---|
| 小学入学以前 | 660（56.6%） | 145（33.6%） | 515（70.0%） |
| 小学低学年 | 158（13.5%） | 67（15.5%） | 91（12.4%） |
| 小学高学年 | 115（9.9%） | 56（13.0%） | 59（8.0%） |
| 中学生 | 113（9.7%） | 74（17.2%） | 39（5.3%） |
| 高校生以降 | 92（7.9%） | 77（17.9%） | 15（2.0%） |
| 不明 | 29（2.5%） | 12（2.8%） | 17（2.3%） |

注：性同一性障害（Gender Identity Disorder）とは，「身体の性」と「心の性」とが一致しない状態で，自分の身体の性を強く嫌い，その反対の性に強く惹かれた心理状態が続く。心の性は男性，身体の性は女性であるfemale to male（FTM）と，心の性は女性，身体の性は男性であるmale to female（MTF）とに分かれる。

としたりする経験者が少なくないことが指摘されている。

　なお，WHOは「国際疾病分類改訂版（ICD-11）」から，性同一性障害を「精神障害」の分類から除外し，「性の健康に関する状態」という分類の中の「性別不合」へと変更した（2019）。これにより，出生時に割り当てられた性別への違和が「病気」や「障害」ではないと宣言された。

　学校や保育現場での対応が重要だが，児童生徒のための対応に関するガイドラインはあるものの，幼児期の子どもに対する配慮に関しては十分でない。性別違和感に悩む子どもに関心をもち，正しい知識をもつことが大切である。また保育所保育指針で，子どもの性差や個人差に留意しつつ「性別などによる固定的な意識を植え付けることがないようにすること」「一人一人の子どもが，周囲から主体として受け止められ，主体として育ち，自分を肯定する気持ちが育まれていくようにする」とあるように，一人ひとりの表現や感性を受けとめるとともに自分の性を肯定的に捉えられるよう配慮することが求められる。

# 第3章
# 子どもの表現をはぐくむ

　保育の現場において，子どもたちの表現力をは
ぐくむことは，保育の大切な目標であり，保育者
が願う一つの保育のあり方ではないだろうか。
　子どもの表現力を表面的な技術の向上として捉
えるのではなく，子どもの内面を育てるにはどの
ようにしたらよいのだろうか。第3章では，4つ
の窓口（身体表現，音楽表現，造形表現，総合的
表現）を入り口として，表現の内実を考えていき
たい。

# 1 節 表現をはぐくむ基本姿勢

## 1——表現とは何か

　子どもの表現力をはぐくむために，まず，子どもの表現をどのように受けとめるかということを大切にしていきたい。しかし，本項では，その前段として，まず，表現とは何かということを改めて考えておきたい。

　表現「Expression」は，語源として，あるものを外に押し出すという意味がある。外に押し出すのだから，「あるもの」は内側にあって，誰の内側かと問えば，それは，おとなであれ子どもであれ，表現する個人の内側ということになる。

　つまり，内側にあるものを外側に表すことが「表現」だと考えることができる。しかし，それを関係のなかで捉えようとすると，外側に押し出されるものが表現として成立するには，たった一人では難しい。気づきにくいことだが，外側に押し出されたものは，誰かに受けとめられ，認められてはじめて，表現されたと認識されるのである。

　表現とは，あたかも個人の内側で育っていくかのように思われがちであるが，それは，受容され，共感され，認められる体験の積み重ねによって育っていくのである。つまり，表現とは人と人の間にある極めて人間的な行為なのである。

　筆者は，5歳児とのワークショップのなかで，子どもたちができあがった作品を「見てー，見てー」と言って保育者に見せに行く光景をよく目の当たりにする。それは，以前に認められ，褒められた経験があるからなのだろう。つくった時間が充実していれば子どもの目は自信にあふれ，恥ずかしい気持ちがあれば背中にそっと隠してしまう。

　このような光景を目にすると，子どもたちは作品をつくっているのではなく，作品を通じて自我を形成していて，その大切な役割を私たちが担っているということに気づかされる。

　「表現」を発達や成長という観点から理解しようとするのであれば，造形表現のように形として見えるものであっても，自分をつくるという内面に目を向けることが必要なのだと思う。

## 2——子どもの表現を受容する

　子どもの表現をめぐっては，一つの考え方として，「表現」と「表出」を分けて考えることがある。子どもを取り巻く外界や内側の刺激に対して，即座に反応する行為を「表出」と呼び，意図的に外に押し出す行為を「表現」と考えるものである。行為の下地に意図があるかないかで分けて考えるものであるが，子どもの年齢が下がれば下がるほど，このような区別がさほど意味をなさないことは容易に想像できる。なぜなら，幼い子どもの行為の大半は「表出」だからである。

　そのため，保育のなかでは，発達という観点からこうした区別をすることなく，あえて抱括し，はじめは小さな表出であった行為も，保育者が表現として受けとめ，丁寧に対応することで，少しずつ，その子らしい表現となっていくように後押しすることを試みている。このように，日々の積み重ねを展望し，その全体像を「表現」と位置づけているのである。

　保育者は，まだ表現ともいえない小さな気持ちの表れをすべて受けとめ，どうしてこのような行為になったのかというプロセスを考えながら対応することが求められる。子どもの言動や表情を読み取り，その気持ちを汲み取って理解するのである。子どもたちは，保育者に受容され認められる経験をもとに，表現の下にある意識を固めて，自分らしい表現ができるように育っていくのである。

　保育に限らず，「表現」が，受けとめてくれる存在があってはじめて成立することは，前項でも指摘したが，発達としての視点をもつと保育者の役割はとても大切な存在であることが理解できる。

## 3——表現に対する援助をどのように捉えるか

　保育の現場では，その活動や内容に対して，「教育」や「指導」，「支援」や「援助」と様々な用語が用いられる。どの言葉も少しずつ意味が異なり，活動のねらいや意図，その状況や場面によって変化するため，一律の解釈はあまり意味がないだろう。大切なことは，どのような関係のなかで，その用語が用いられ，どのように子どもの成長を願うかということであろう。本項では，保育における表現の基本的な姿勢について，用語の用い方から考えていきたい。

　まず，援助と支援について考えたい。援助の「助」には力を貸すという意味があり，支援との違いは，助ける範囲にあると考えられる。支援が他者の活動や行為の一部を助けることに対して，援助は全面的にその活動を助けることを意味している。

　一方で指導は，意図された方向へ教え導くといった意味があり，正しい答えを出したり上達する方向へ導くときは，指導するという用語を用いることが適切である。

　さらに，指導と教育との主な違いは，その期間にあると考えられる。指導が短時間であるのに対して，教育には，ある程度の長い時間をかけて知性や技能，また人間性を高めるという意味が込められている。

　このように考えると，保育における表現は，保育者のどのような働きかけによって育っていくのであろうか。

　一度，目を閉じて，自分が保育者になったことを想定しみよう。園庭で子どもの目線まで腰を落としながら両手を思いっきり広げてみる。すると即座に数人の子どもたちが両手のなかに駆け込み，あなたが揉みくちゃにされる様子が思い浮かぶだろう。

　前項で「保育者は，まだ表現ともいえない小さな気持ちの表れをすべて受けとめ」と記したが，子どもの小さな仕草や表情，つぶやきも全面的に受け入れることが，表現をはぐくむ基本的な姿勢なのではないだろうか。

　まず，気持ちの上で全面的に受けとめる。その受容した感覚を手掛かりとして具体的な援助につなげていく。それは，声かけかもしれないし，表情や身振り・手振りなどの態度かもしれないし，伴走をするように具体的な表現をすることかもしれない。子どもの表現を助けるのではなく，保育者自身の「受容」という行為を自分で援助するのである。

　筆者は，保育者の研修会で講師を務めることがあるが，よく「こういうときはどうしたらいいんですか？」という質問を受ける。筆者は自分の経験をもとに，事例をいくつか話すようにしている。しかし，このとき，その事例は筆者とその子どもとの関係だから成立することを強調している。

　前述したように，表現とは人と人の間にあるものである。向きあう人の組み合わせが変わればおのずと援助の方法も変わっていく。援助の具体的なアイデ

ィアは，現場のひらめきのなかにある。

　さらに補足をすれば，その質問をする保育者は，大抵，自分の感じ方に自信をもてていないことが多いと思われる。その理由は様々に推測できるが，解答はマニュアルのなかにない。答えは，自分が担当する現場のなかにしかないのである。だから，もう一度，保育における「表現」とは，子どもとの関係のなかで生み出されるということを踏まえて，保育者の感じたことを大切にしてほしいと伝えている。

　人間を育てる表現に出会うときは，おとな目線の窓ではなく，真っさらで淀みのない窓を通じて考えていくことを，保育の表現をはぐくむ基本的な姿勢と考えたい。

## 2節　身体による表現について

　子どもたちは，生活や遊びのなかで様々なモノ，人，出来事と出会う。そしてその出会いで起こる心の動きが，そのまま身体の動きに表れたり表されたりしていることは，子どもたちの姿を見ているとよくわかる。うれしいときは跳ね，怒りを感じたときは地団駄を踏み，悲しさをこらえるときは小さな肩に力が入る。専門用語では，自分が意図していない，思わず現れる表現を「表出」，意図したものを「表現」と区別されたりしているが，そうすると子どものほとんどの動きは「表出」になってしまうため，このような区別にはあまり意味がない。そのことよりも，「表出」として始まった子どもの動きを，誰のものでもないその子としての表現につなげるために，それをその子の「表現」として受けとめる保育者の存在が大切であり，そこに保育者の役割がある。子どもは遊びや生活のなかで「心動かす出来事に触れ」，そのときに感じたことを自分なりに全身で表出・表現することが重要であり，園生活においては主体的な遊び，保育者の援助，素材，園環境など，様々な要素によって支えられ，はぐくまれていくものである。このようなことを通し，モノや人への感じ方が広がったり，そのおもしろさに気づいたりする。一斉活動での表現遊びや規制の振りつけに合わせたダンス等，おとなの動きの模倣をすることだけが身体表現ではないことに留意したい。したがって，子どもの心が動き，それを身体で表現したその

写真3-1 落ち葉の上で寝そべり,　写真3-2 握りしめた拳,地面を
　　　　 その感触を味わった後　　　　　　 踏みしめる足……全身
　　　　 ……思わず弾ける　　　　　　　　 での感情表現

瞬間を,保育者がどのように受けとめ,発展させていくのか,日常の生活や遊
びのなかでの事例と共に考えていきたい。

## 1——全身で感じたことが身体の表現につながる

　子どもの豊かな身体表現を望む前に重要なことは,子どもが全身の感覚を使
った様々な経験を積むことである。例えば雨の音を聞いたり,雫を体に伝わせ
たり,水たまりに雨が落ち波紋を広げる様子を見たりすること,落ち葉を踏ん
でくしゃくしゃと音を立たせたり,季節により変わる葉の色を感じたり,落ち
葉を思い切り投げたりすることなど,子どもが夢中になって行っているときに
得た身体感覚は,その後の表現につながっていく。なりきる表現も,その対象
を自分なりに知っていることが,表現の芽生える種となる。例えばダンゴムシ
になる,うさぎになるといった表現活動をする前に,ダンゴムシやうさぎに興
味をもち,その子なりにその対象を受けとめたりしっかり観察したりすること
で,定型化された表現ではなく,自分なりに感じたダンゴムシやうさぎの表現
となっていく。

## 2 ── 子どもの表現を受けとめる

### (1) 身体で表現していない子どもはいない

　身体による表現というと，なりきりといった積極的な動きに目がいきがちかもしれない。しかし，何も表現していない身体というものは存在しない。微細な動きが，その子どもの心情を表現していることはよくある。

> **事例1　3歳児**
>
> 　はじめてクラスに入った実習生に対して，実習生のまわりに寄っていく子どもたちが大半ななか，そこには寄らずにじっとしている子どもがいる。しかし，遊びの最中にその実習生をチラチラと見ている。しばらくすると，実習生の近くを通ってわざとぶつかったりする。実習生はその様子に気づき，その子どもに話しかけるが，その子どもは答えず黙って別に場所に行く。しかしその後，砂場で遊んでいるその子どものそばに行き，一緒に砂で遊んだりしていると，実習が終わる頃には実習生に楽しそうに話をするようになった。

　これは，この実習生がその子どものちょっとした動きから，「一緒に遊んでほしい」と言葉にはできないその気持ちに気づき，受けとめた例である。友達との遊びがうまくいかなかった子どもが，その後の遊びの際に床に転がりじっとしていたり，クラスでの活動に参加しないこともある。心の葛藤を自分のなかで処理する時間でもあり，「動かない」ということを大切な身体表現として受けとめたい。

### (2) 子どもの動きに共振し，気持ちを共有する

　子どもと共にいる保育者の動きも，子どもの表現に大きく関わってくる。

> **事例2　1歳児**
>
> 　保育者と手をつないで歩いていた子どもが，砂場の上を歩き始めた。すると，足から感じるその柔らかい感触やでこぼこした感触が楽しいのか，脚を勢いよく上下に上げながら跳ねるように砂の上を歩く。保育者は子どもの歩幅やリズムに合わせて歩き，さらに子どものステップに合わせて「いちに，いちに」とリズムをとる。2人は笑いながら何度も砂場を往復している。

写真3-3　同じ歩幅，同じリズム
2人とも笑顔で何度も往復して砂場を歩く

　この事例は，砂の上を歩く感触を楽しむ子どものステップに保育者が歩幅や
リズムを合わせ，一緒に歩くことでその楽しい気持ちをも共有している場面で
ある。このように身体の動きが同調していくことは子ども同士でもよくみられ
る。例えば，遊びの最中に楽しくなって弾み始めた友達を見た子どもが，同じ
ように弾み始め，そのうち2人で笑いあいながら手を取りあって一緒に弾み出
すということがある。「一緒に遊ぼう」と言わなくても，忍者ごっこをしてい
る子どもに対し，手裏剣を投げる動きをまねして返すことで，その遊びの世界
を共有し，自然に一緒に遊ぶことができたりする。

　このように，同じ時空間で同じ動きをすることは「身体的同調」，あるいは
「共振」といい，動きを共有することが気持ちの共有につながる。これは，子ど
もに限らずおとな同士でも同様であり，人間としての根源的な感覚である。
往々にして，おとな（保育者）の動きを子どもがまねするという構図になりが
ちだが，子どもの動きをおとな（保育者）がまねすることも意識したい。

## (3) 受けとめ，引き出す——子どもの心と身体の動きに合わせた言葉かけ

### 事例3　2歳児

　　散歩からの帰り道，一人の子どもがはいはいをしながら「にゃーにゃー」と言い始める。保育者は「わあ，かわいい猫が歩いているね」と笑いながら言う。すると，別の子どもがしゃがんで手をついて，保育者をじっと見ている。保育者はその姿を見て，「あ，カエルさんかな？　元気に跳びそうなカエルさんだね」と言うと，その子はうれしそうに笑顔でカエル跳びを始めた。

### 事例4　5歳児

　　「僕たちちょうちょつかまえたよ！」「葉っぱの上でね，じっとしてね，でも羽動かしててね，閉じてね」と説明している子どものそばで，もう一人の子どもがそのときの蝶の動きのまねをしている。「わあすごいね！　こんなふうに動いていたんだね。綺麗だね。それでどうやってつかまえたの？」など保育者が聞くと，説明していた子どもが蝶のまねをしている子どもの動きをじっと見ながら，「よーく見てね，こうやってね……羽が閉じたときにパッてつかまえたの」と蝶の子どもの腕が閉じたタイミングで掴む。「つかまったー！」と蝶の子どもは言い，2人で笑う。

　保育者が横で蝶の動きを表現していた子どもを見逃さず，それに対して言葉を返したことで，もう一人の子どもの動きも誘発され，2人での身体表現に発展した例である。自分の表現を受けとめられたと感じた子どもは，自信をもってさらに表現することに意欲的になっていく。このように保育者が子どものそのときの動きを見逃さず認め，タイミングよくさらに引き出す言葉をかけることで，子どもの表現はより豊かになっていく。

## ◆3 節 音楽による表現について

　子どもの表現を育むために保育者に必要とされる力の一つに，子どもの表現に気づき，そこでどのような力が育っているのかを根拠をもって考察する力が挙げられるだろう。ここでは，音楽による表現の育ちのベースとなる「聴くこと」「声を出すこと」「モノとかかわること」という乳幼児の行為と，「創造性の芽生え」「文化との出会い」という視点から事例を取り上げ，そこで何が起こっているのかについて考えてみたい。

# 1──聴くこと

### 事例7　生後9日　音を聴き，自ら働きかける

　母親が赤ちゃんの顔の近くで音の出る玩具（布製でなかに鈴が入っている）を鳴らすと，音の出どころを目で追う。身体もそれまでより激しく動き出し，音の出る方向に顔を向けたり，手を伸ばしたり，足もパタパタしたりする。口や舌もモグモグと動き出す。

　人は胎生5か月頃に聴覚が完成し，その後，生後半年の間で急速な発達をみせる。乳児の聴覚特性については様々なことがわかっているが，生まれて間もない段階でも音を聴き，音への興味をもち，自ら能動的にモノへと働きかける姿が見てとれる。また，聴覚は視覚に比べて発達が早く，「音」は自分を取り巻く世界を知るための重要な手掛かりとなる（事例10も参照）。

### 事例8　4歳児　音から広がる想像性

　おとながレインスティックを箱のなかから取り出すと，ニコニコしながら「それなあに？」と近づいてくる。音を出してみると，「シャー，シャーっていうね」「何かが集まってきているみたい」と言う。

　音や音楽を聴くというと，歌を歌うことや楽器を演奏することに比べて受動的な行為に思われがちであるが，子どもの姿を見てみると，聴いた音に意味づけをしたり，音から豊かな想像性の世界が広がったりしていることに気がつく。そのような意味で，聴くという行為は非常に能動的，主体的，積極的な行為であるといえよう。

# 2──声を出す，声でかかわる，歌う

### 事例9　生後2か月　声のかかわりあい

　母親は子どもが生後2か月になった頃から「ウク〜」と声を出し始めたことに気づき，折に触れて「話しかけ」ている。このときも母親が「ウク〜」などと普段の話し声より少し高いトーンで話しかけると，赤ちゃんが笑顔で母親のほうを見たり，腕や身体を動かしたり，「ウ〜」「ク〜」「ウク〜」などと応答している。

　赤ちゃんが生まれて最初の1か月はまだ発声器官が未成熟であり，声の表現としては呼吸に伴う反射的な発声や泣き声が主である。生後6〜8週になると，この事例にみられるような「アー」や「クー」といった声を出し始める（クーイング：cooing）。また，乳児は，話声よりもピッチの高い声や抑揚の大きい話しかけ方（マザリーズ／対乳児発話：Infant Directed Speech），歌声を好む（より注意を向ける）ことがわかっており，そのような話しかけや歌いかけを聴き，声でかかわりあうこと，歌いあうことが，声の表現を育む出発点となる（志村，2020。その他本書Column 3も参照）。

## 3 ── モノとかかわる身体

### 事例10　3か月　身体を使って世界を探索する

　腕を伸ばすと，近くに置いてあった起き上がりこぼしに偶然拳がぶつかり，小さな音が出た。すると，もう1回，またもう1回と，腕を伸ばし，起き上がりこぼしに触れ，音を出す。何度も音を出していると，起き上がりこぼしが自分から遠ざかってしまい，「ウ〜」と訴えるような声を出す。

　月齢が進み，身体・運動機能がさらに発達すると，腕をさらに伸ばし，モノに触れたり，握ったり，振ったり，叩いたり，こすったり，引っかいたり，吹いたりする行為に発展する。こうして出た音への興味に誘われて，自分を取り巻く世界を探索したり，自分がモノに働きかけると，世界が変化する（音が出る）という発見をしたり，音を出したときに感じる自分の身体や感覚に気づいたりする。こうした行為は，私たちがモノ（楽器）を操る身体の技能を身につける基盤となる（小西他，2016，pp.52-53）。

## 4 ── 創造性の芽生え

### 事例11　10か月　試す，音の違いを発見する

　小さなペットボトルに，様々な形，大きさのビーズが入っている。3本のペットボトルのうち，一つを振っては，また別のものを振ってみる。3つすべてを振り終わったところで，最後に，最初のペットボトルを長めに振ると，笑顔で「アー」と声を出し，養育者のほうを見た。

　一見すると同じように見えるペットボトル・マラカスであったが，よく聴く

と，中身の違いによって音が変化する。その後，児は3種類のペットボトル，マラカスで大きなせんべい缶を叩くが，せんべい缶も，それを叩くモノが異なれば，違った音，違った感覚が返ってくる。一つひとつを試しながら，様々な種類の音を見つけ，音だけでなく，重さや手に返ってくる感覚など，様々な感覚を駆使してその違いを感じ，最後には自分が気に入ったものを選び取ったようである。モノとの関わりのなかで主体的に試し，探索し，発見し，選び取る姿には創造性の萌芽が見て取れる（今川他，2016，pp.103-104）。

## 5 ── 文化と出会う

**事例12　2歳児　オキナワノタイコ**

　幼児向け番組で沖縄のエイサーを観たところ気に入った様子で，「タイコのヤツ！」「オキナワノタイコ！」と言って録画を何度も観たがるようになった。次第に「イーヤーサーサー」「アーイーヤー」というかけ声をまねしたり，玩具の太鼓を左脇に抱えて叩こうとしたりする姿がみられるようになった。ただ，太鼓を脇に抱えるのは体型的に難しそうであったり，抱えられても太鼓を打つと落としてしまったりしていた。しかし，落としても落としても何度も試すということを繰り返しながら，ついにそれができるようになった。

　憧れる文化的モデルとの出会いと，「やってみたい」「まねしたい」というモチベーションに支えられ，繰り返しモデルを確認しながら，うまくいかなくても自分のイメージ通りにできるまでやめず，できるまで何度でも挑戦していくなかで，結果的に技術を習得した。このようにして得た技術こそ，その子どもにとって意味あるものとなる。憧れる文化的モデルとの出会いとそのモチベーションに支えられた学習は，その後の表現の育ちや学びの基盤となる。

　ここで紹介した事例以外にも，例えば声に関わるところであれば，乳児が音声発達の過程で自分の様々な声で遊ぶ姿（声遊び：vocal play），ごっこ遊びのなかでイメージに支えられながら様々な声を使い分けている姿（小川・今川，2008），文化のなかの歌を徐々に獲得していく姿，既存の楽曲が子ども同士の遊びに影響を与える場面（石川，2020）など，単に「既存の楽曲が楽譜のとおりに歌えるようになる／歌えない」以外にも見るべきものがたくさんある。このような，遊びや生活のなかで子どもが音，音楽と関わる姿を丁寧に見ていくことが，表現を育むことにつながってくるであろう。

# 4節 造形による表現について

　「造形」とは，「形を造る」と書くが，いわゆる描いたりつくったりするような〈作品としての結果〉だけが造形表現ではない。子どもが〈モノ〉や〈コト〉に気づき触れて関わる行為的な遊びや，それらを介してものづくりをする意識的な遊びは，ひとつながりであり，〈モノに関わる表現行為〉はすべて造形的な表現であるといえるだろう。特に乳児期においては，「見る」ことや「感じる」ことが，造形的な表現として大きな意味合いをもっている。ここでは，年齢的発達の特徴がみられる子どもの造形的な表現と，それに関わる保育者の環境設定，また表現の受けとめ方を，実際の事例を通して述べていく。しかし年齢はあくまで事例を読み解く目安の一つであり，目の前の子ども自身と向き合った実践例である。

## 1 ── はじめてのお絵描き

### 事例13　Ｙちゃんのお絵描きの変遷（１歳半女児）

　東京都Ａ保育園の１歳児クラスには，ペンと紙が置いてあり，いつでもお絵描きができるコーナーがある。登園時や，お昼寝から早く起きてしまったとき，お迎えを待つ間など，自分が描きたいときに（その場合は保育者が一人ついてお話をしながら）お絵描きを楽しむことが日常的である。
　Ｙちゃんの保育園でのはじめてのお絵描き（写真３-４）は，保育者のまねをして字とも絵ともいえるようなペンでのお絵描きを楽しんでいた。慣れてくるとガキガキと横に手を動かして描く往復運動が始まり（写真３-５），次第にストロークの最後が跳ねたような痕跡がみられるようになった（写真３-６）。跳ねている痕跡は，どうやらグルグルと回転運動をしたいようである。手首の

写真３-４　はじめてのお絵描き

写真３-５　往復運動

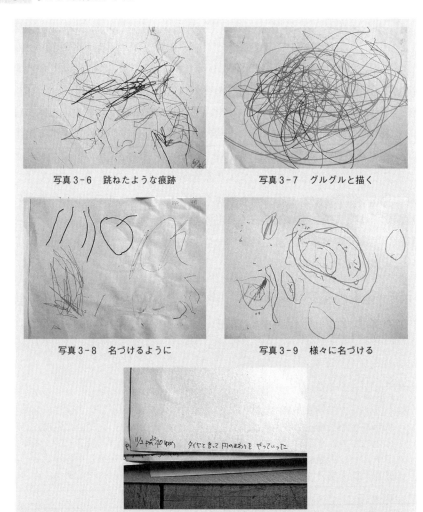

写真 3-6　跳ねたような痕跡

写真 3-7　グルグルと描く

写真 3-8　名づけるように

写真 3-9　様々に名づける

写真 3-10　保育者のメモ

コントロールが効かずなかなかうまくいかなかったが，そのうちグルグルできるようになると（写真 3-7），そのブームはしばらく続いた。1 歳半が過ぎ発話も豊かになり，ゆっくり丸が描けるようになってくると，自分の痕跡を指さして「きゅうり」や「アンパン」「目と口！」などと名づけるようになっていった（写真 3-8，9）。保育者は，日々それらの語や様子を細かくメモをしながら，Y ちゃんの思いや発話の成長などを感じ取り表現を受けとめていた（写真 3-10）。

写真 3 -11　１年間のおえかき

　東京都A保育園では毎年「ぞうけいてん」という展覧会がある。乳児クラスでは，このような１年の間に思い思いに描いたお絵描きをすべてファイリングして展示をしている（写真 3 -11）。子どもによって量もばらつき，描いたものやテーマも違うが，無理にさせられた「季節のお製作」のようなものよりも，一人ひとりのそのときの思いが伝わる，個性あふれる成長記録となっている。保育者は小さなお絵描きに込められたその子自身を知る手掛かりに注意深く耳を傾け，丁寧に寄り添うことが大切である。やりたいことを存分にできる環境と，思いや意欲を受けとめてもらえる関係性のなかで，子どもたちは安心して表現することができるのである。

## 2 ── 行為を楽しむ表現

### 事例14　Aちゃんの絵の具（３歳児女児）

　東京都B幼稚園では，３歳児の６月頃，はじめて絵の具に出会う機会として，大きな四つ切り画用紙に保育者が描き心地がよいように溶いた絵の具でお絵描きを楽しむ。５，６色の絵の具が入ったガラスのヨーグルト瓶は見た目も鮮やかで，子どもたちは大喜びしながら思い思いに〈絵の具そのものに触れて遊ぶ〉。Aちゃんはまず，たくさんの色を全部使い，筆でチョンチョンと画用紙につけていく（写真 3 -12）。「足跡みたいだね」「雨降っているみたい！」保育者は様々に声かけをするが，Aちゃんは黙々と絵の具で遊んでいる。そのうち上から別の色で全面に塗り始めた（写真 3 -13）。せっかくきれいだったのにと保育者は思ったが，そのまま見守ると，今度はその上からまた最初と同じようにチョンチョンを描き始めた（写真 3 -14）。その一連の行為は何度か繰り返された後（写真 3 -15），Aちゃんは非常に満足げに「終わりにする」と言って

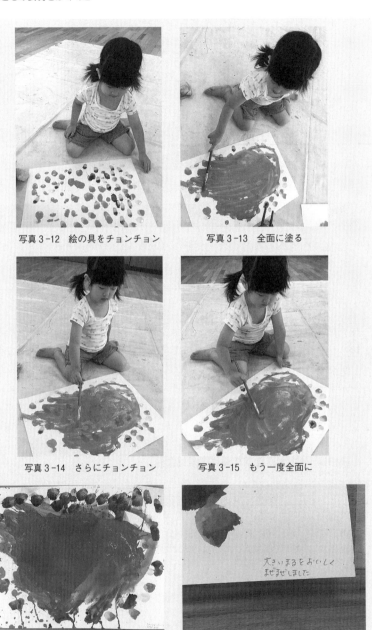

写真 3-12　絵の具をチョンチョン　　　　写真 3-13　全面に塗る

写真 3-14　さらにチョンチョン　　　　写真 3-15　もう一度全面に

写真 3-16　「おわりにする！」　　　　写真 3-17　Aちゃんのお話

保育者のところへ絵を持ってきた（写真3-16）。その際保育者が「もし何かお話があったら聞かせて」と聞くと写真3-17のように答えた。

　3歳児前後の素材や道具を介した遊びは単純な行為自体を楽しむことが多い。おとなは〈絵の具を使って何かを描く〉と考える傾向にあるが，この頃の子どもたちは「やってみたい」「触ってみたい」という思いから〈絵の具そのものを使って遊ぶ〉という行為を楽しむ。したがって，何が描かれているのか，ということを注視せずに，その子が何を楽しんでいるのか，ということに注目することが重要である。何度も描いては潰し，上からまた描いて，という行為（おとなにとっては絵を消したり潰したりしているように見えるが，子どもにとっては建設的な一手である。また反復運動という自己確認の遊びでもあったりする）の連続でできあがった絵は一見すると何も描かれていないぐちゃぐちゃの絵に見えるが，実は思いを存分に試し満足した渾身の一枚である。実際にAちゃんにお話を聞いてみると，絵を描くというよりは，まるで絵の具を使ってお料理ごっこをしていたかのような遊び方であった（保育者はここでも「何を描いたの？」とは聞かず「お話があったら教えて」という風に聞いている。行為全体の思いに寄り添うことを大切にしている）。このように行為性の強い遊びは，「終わりにする」「やめにする」などと飽きたら終わることが多い。このように絵の具を繰り返し遊び，素材と仲よくなってくると，次第に「できた！」と言って絵を持ってくる，画面に対して意識的な時期が始まるのである。

## 3──目的をもってつくる表現

### 事例15　Mクラスの手づくりカメラ（5歳児クラス）

　東京都C保育園の5歳児Mクラス。5歳児にもなるとそれぞれの好きなものや興味の先にあるものが明確になり，一人ひとりの個性が見えてくる。そこで廃材を使い自分だけのオリジナルカメラをつくり，そのカメラで「さつえい」をするという活動を行う（「さつえい」は実際に撮影するのではなく，廃材でつくったカメラに空けた2cm四方の小さな穴から覗いた世界を，写真サイズの小さい紙にスケッチするという遊びである）。一人ひとりがつくるカメラもその子らしさが表現された素敵なものであり，またカメラを通して自分でつかまえた〈モノ〉や〈コト〉（景色や人，その断片など）が，個々の興味を反映し

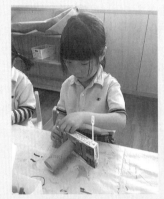

写真 3-18　カメラづくり

写真 3-19　個性が光るカメラ

写真 3-20　気になるものを「さつえい」

写真 3-21　アルバムづくり

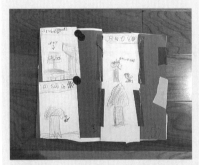

写真 3-22　自分だけのアルバム

写真 3-23　「図書コーナー」の棚づくり

写真 3 -24　みんなが読めるところへおひっこし

写真 3 -25　みんなで楽しむ

したものであった（写真 3 -18，19，20）。後日，自分で撮った（描いた）たくさんの写真をどうするかクラスで話し合ったところ，「アルバム」をつくることになった（写真 3 -21，22）。思い思いに自分だけのアルバム（のような絵本のようなもの）ができあがったら，「みんなに見てもらいたい！」そこで園内で一番保護者が集まる職員室前に，「図書コーナー」として板ダンボールで棚をつくった（写真 3 -23，24，25）。3 歳児や 4 歳児も興味をもち，それ以降自作の絵本や図鑑などを自由に置き，読むことができる遊び場となっている。

　5 歳児くらいになると，自分の意見を通すのではなく他者の意見も尊重したり，お互いにイメージの共有をしたりすることができるようになってくる。〈みんなで一つのものをつくる〉活動も，アイディアを出しあい自分たちで展開するようになるので，より楽しくなってくる時期である。事例15の活動は，空き箱やトイレットペーパーの芯などの廃材（リサイクル素材）や紙コップ，アルミホイルなどの生活素材などを組み合わせ，思い思いに「カメラ」をつくったところから始まる。自分でつくったカメラから覗く世界，そのどこを切り取って「さつえい」（スケッチ）するかはその子次第である。人物に興味がある子，数字や標識を捉える子，自然や虫，花などが好きな子など，それぞれの興味の先にあるものがとてもよく見えた。また子どもたち自身も「僕は何を撮ろう？」「私はこういうのが好き！」と自分に問いかけ，自己認識することを通じて「自分なりの表現」を見つめることができる。ここで表現された一人ひとりのもっている世界を，保育者は大切にし，次の活動へとつなげていくことが重

要である。事例15はアルバムづくりから図書コーナーづくりへと展開していった。「さつえい」した写真（絵）で，園内や周辺の地図をつくるという展開も楽しいだろう。プロジェクト型保育のような，一つのテーマを掘り下げ，長い時間をかけて様々な遊びへ展開していくような保育は，こういった子どもたちの日々の小さな興味に丁寧に耳を傾け，共感していくことから始まる。子どもたちも自分の世界観を認めてもらえることにより，大きな自信と表現する意欲が育まれていくのである。しかし，無理にテーマを掲げ大きな活動に結びつけようとすると，大抵はうまくいかない。重要なことは，〈それが子どもたちにとって楽しい遊びである〉ということである。

# **5**節 総合的な表現について

　子どもたちは日常生活のなかで，どのように表現する力を身につけていくのだろうか。本節では，ある保育園の子どもたちの，約1年間の生活を通して，子どもの表現が育つ道筋を追っていく。

## 1──秋：たきぎ拾いの帰り道で

　ある年の秋，主任のY先生は，年中組の子どもたちと一緒にたきぎを拾いに近くの野山へ行った。この保育園の毎年の行事として，子どもたちは自分たちでたきぎを拾って集め，自分たちで育てた芋を焼いて食べるのだ。

　この日も，子どもたちはたくさんのたきぎを集めた。それを背負って山道を下って帰る途中，Y先生はA君に一つのお話を聞かせた。それは『龍の子太郎』（松谷みよ子／著，田代三善／絵，講談社，1995年）というお話で，龍になった母を捜して，太郎が山や谷を越えて冒険をするというストーリーである。Y先生は子どもたちがみなこの物語を大好きになることを確信していた。

　A君もこのお話がすぐに好きになった。そして保育園にもどってからも，このお話を繰り返し聞きたがった。そしてついにA君は，このお話の絵本をY先生から借りて持って帰ると，毎晩お母さんに読んでもらうようになった。

　数日後，Y先生に絵本を返しにきたA君。その左手にはもう1冊の『龍の子太郎』が抱えられていた。お母さんがA君のために絵本を買ってくれたのだそ

うだ．その後，Y先生の『龍の子太郎』の絵本は，クラスのみんなが借りて帰るようになっていった．

## 2――春：年長になって

『龍の子太郎』の絵本は年長になってもみんなが大好きな物語だった．そこでクラス担任のI先生は，Y先生と相談し，この年の年間計画として『龍の子太郎』をテーマにした取り組みをしていこうと考えた．

まずはこの物語を毎日の保育のなかで少しずつ読み聞かせていくことにした．長い物語を一度に読むのはたいへんでも，少しずつ読むことによって，子どもたちの次への期待が膨らんだ．そして子どもたちは，I先生からこのお話をしてもらうことがとても楽しみになっていった．最後まで読んでも，またすぐに最初から読んでほしいという願いが子どもたちのなかから出てきて，I先生は繰り返しこの物語を読むようになった．気がつくと，いつの間にかクラス全員の子どもたちが，『龍の子太郎』をほとんど覚えて話せるようになっていた．

## 3――夏：紙芝居の作成

子どもたちが大好きな『龍の子太郎』の物語をテーマとして，どのように表現活動を発展させていけばよいか，I先生はY先生と相談し，『龍の子太郎』の紙芝居をクラス全員でつくることにした．22名の子どもたちが分担し，物語に沿った絵を描くことになった．それぞれ自分のイメージする場面を思い思いに描くことによって，子どもたちがどのように物語の世界を楽しんでいるかということがよりはっきりとみえてきた．

紙芝居として使えるように，I先生は絵の裏に順番に物語を書いていった．読み始めた頃には「まだむずかしいかな」と感じられたストーリーであったが，子どもたちは十分に理解し，それぞれ太郎や龍への思いを深めていったようだ．

子どもたちはこの紙芝居が大のお気に入りになって，日常の遊びのなかでも繰り返し「紙芝居ごっこ」をして遊ぶようになった．ストーリーはみんな覚えているので，誰もが読み手となることができた．

写真 3 -26　運動会で龍の舞を演じる

## 4──秋：運動会で龍をつくろう

　この保育園では，運動会も子どもたち自身が企画を立て，テーマを決めてどのような出し物をするかを考える。この年のテーマはもちろん『龍の子太郎』。子どもたちはみんなで協力し，運動会で披露するために大きな龍を完成させた。そして全員で龍を抱えて持ち，音楽に合わせて龍の舞を表現することになった。

　ストーリーも考えた。日照りが続いたこの年に，「雨がたくさん降りますように」との願いを込めて龍が舞うというストーリーだ。音楽もどのような曲が龍のイメージに合うか，子どもたちはＩ先生と一緒に考えて選んだ。どう動いたら龍の舞らしくなるのか，一生懸命練習した。

　そして運動会当日。子どもたちが演じる龍の舞は，年中，年少の子どもたちのあこがれとなり，保護者からは大きな拍手が寄せられた（写真 3 -26）。この運動会での製作から踊りまでの活動を通して，子どもたちは自分自身を十分に表現できるようになり，一回りも二回りも大きくなったようだ。少しずつ卒園の時期が近づいてくる。

## 5──冬：発表会で『龍の子太郎』をやりたい

　毎年恒例の発表会。音楽，歌，劇遊びなど，子どもたちが日頃遊んでいる活動のなかから，「これをやりたい」というものを出し物として披露している。

特別なことはせず，いつものありのままの子どもたちの生活を見てほしいというのが，Y先生の願いだ。

「今年は何をしよう？」I先生が子どもたちに尋ねると，やっぱり「『龍の子太郎』がいい」と子どもたちは答えた。でもあの長い物語を劇遊びにするのはたいへんだ。練習をきちんとしなければできないのではないか。考えた末，夏に作成した紙芝居を披露することになった。

子どもたちは遊びのなかではいつも紙芝居を読み，演じていたが，発表会で披露するとなると特別な思いがある。年長なのだから，小さい子どもたちに負けないよう，しっかりと演じて，みんなに『龍の子太郎』のおもしろさを伝えたい。子どもたちは発表会に向けて練習するようになった。「誰がどこを読もうか」「自分が描いた絵のところを読みたい」などと話しあい，読み方もみんなで工夫した。

また，物語に合う効果音も，ふだん遊んでいる身近な楽器を使って表現しようと決め，自分たちで楽器の鳴らし方やタイミングなどを考えた。

そして発表会当日，先生や保護者が見守るなか，子どもたちはみんながしっかりと紙芝居を演じることができるようになっていた。誰も恥ずかしがったりせず，大きな声ではっきりと，むずかしいセリフも覚えてちゃんと読めるようになっていた。『龍の子太郎』のおもしろさは十分に伝わったようだ。I先生は子どもたちの大きな成長を実感した。発表会までの練習プロセスそのものが，子どもたちの表現する力をはぐくんでいったように思われた。

## 6 ── 再び春：そして卒園

年中組の秋のある日，たきぎ拾いの帰り道にA君がY先生から聞かせてもらった『龍の子太郎』の物語は，1年以上，このクラスの子どもたちみんなの大切な友達となっていた。子どもたちは『龍の子太郎』をテーマとして様々な表現活動をした。物語をイメージして絵を描く，大きな龍を製作する，音楽に合わせて龍の舞の動きを表現する，『龍の子太郎』の物語を発表会で声に出して話す。そのどれもが，子どもたちのその時々の表現のしかたとなって表れたものだった。

子どもたちはいつも主体的に活動に参加していた。保育者はけっして押しつ

けることなく，子どもたちの表現しようという意欲を大切にしてきた。だから
こそ，子どもたちは自己を十分に発揮し，感じる心，表現する力が育ってきた
のだろう。

　卒園を前に，最後にもう一度，『龍の子太郎』をテーマにした製作をしたい。
Ｉ先生とＹ先生は考えて，龍の絵を描いて壁面を飾ることにした。１匹の大き
な龍の背中に，クラス全員の子どもたちが乗っている絵を描くことになった。
それはみんながＩ先生から読み聞かせてもらっていた絵本の表紙と同じモチー
フである。子どもたちはそれぞれ龍の好きな場所に「自分自身の姿」を描いた。
そしてそれらは卒園式の日に，会場の壁面いっぱいに飾られ，披露された。大
好きだった保育園を卒園して，小学校へと巣立っていく子どもたち。龍の背中
に乗った子どもたちの絵は希望に満ち，未来へ向かって羽ばたいていく姿その
ままを描き出しているようだ。

　卒園のアルバムには，夏に製作した『龍の子太郎』の紙芝居が掲載された。
子どもたちに一生忘れてほしくないという思いからだった。その最後に，Ｉ先
生は次のように言葉を寄せた。

　「５月，『まだむずかしいかな』と思った『龍の子太郎』でしたが，心をふる
わせるものがあったのでしょう。子どもたちは毎日読んでもらうことを楽しみ
にしてくれました。８月には紙芝居が完成し，運動会には"あばれ龍"を活き
活きと踊りました。この１年，いつもこのお話が心にあったように思います。
卒園式会場には"龍にのった22人の子どもたち"の装飾をＹ先生とともに製作
してくれました。家庭でも話題にしてくださり，関心を深めてくださった保護
者のみなさま，援助してくださったＹ先生に心から感謝いたします」。

 **研究課題**

1．子どもたちを取り巻く環境からどんなものが子どもの表現を引き出すか考えてみよう。
2．様々な年齢の子どもの事例を集めてみよう。集まった事例一つひとつに，考察を加えた
　り，年齢ごとに並べてみたり，内容ごとにグルーピングする等を行い，そこからわかっ
　たことを発表しよう。また，それらの分析の結果から，次の観察に向けた視点を整理し
　よう。

**推薦図書**

今川恭子（監修），志民一成ほか（編）(2016)．音楽を学ぶということ——これから音楽を教える・学ぶ人のために．教育芸術社．

山野てるひ・岡林典子・水戸部修治（編著）(2018)．幼・保・小で役立つ絵本から広がる表現教育のアイデア——子供の感性を豊かに育むために．一藝社．

# 「手遊び」は何のため？

　保育の1日を見ると，手遊びや指遊び，歌遊び（以下，まとめて「手遊び」とする）を行う場面が多くあるが，果たしてそれらはどのような目的で行われているのだろうか。活動と活動の間の隙間時間を埋めるため？　絵本を読む前に子どもたちを集中させるため……？

　少しだけ手遊びの歴史を振り返ってみよう。わらべうたのなかには手指を用いる遊び歌が多く存在することから，手遊びはおそらく古くから子育ての知恵として実践されてきたのではないだろうか。我が国の保育にも多大な影響を与えたドイツの幼児教育学者・フレーベル（1782-1852）が作成した『母の歌と愛撫の歌』（1844年）は，その大半が手指や身体を用いた母と子の身体接触を伴った遊び歌であり，幼児教育における遊び歌の意義を理論的に示した最初期の例といえる。我が国の保育現場のなかでは，戦前期から行われている「遊戯」のレパートリーのなかに手遊びが含まれていたと考えられる（第1章4節も参照）。例えば，現在は「糸巻の歌」として知られる「かいぐり」や「むすんでひらいて」等は戦前期から実践されている。

　しかしながら，これまで手遊びについては，できるだけ多くのレパートリーを習得する，子どもの前での実践力を養う，手遊びをいかに有効活用するかという技術的・手段的な側面ばかりに注目が集まってきたのではないだろうか。そのようななか，近年では，例えば発達心理学者のマロックとトレヴァーセンの「コミュニカティヴ・ミュージカリティ理論」（マロック＆トレヴァーセン，2009／邦訳2018）をベースに，手遊びの意義を「身体性」の視点から見直すことが提唱されている（今川，2016）。すなわち，人と人は身体を軸に関わりあうなかで，互いの意図や関心を共有したり，気持ちを通じあわせたりしており，そうした意味で手遊びは，人と人との関わりあいの機会を提供し，絆をはぐくむための大切なコミュニケーション・ツールの一つであるといえよう。このことと関連して，発達における身体接触の重要性が見直されつつあることも興味深い（石島，2020）。また，お決まりの「型」をもつ手遊びは，子どもを強く社会・文化へと誘う「入場門」となるともいわれている（エッケダール＆マーカー，2009／邦訳2018；石島，2020；今川，2020）。手遊びは何のため？——保育者を目指すみなさんは，その時間を子どもと豊かに共有できるよう，ぜひこれらのことを念頭に置きながら，手遊びを覚え，練習してみてほしい。

# 第4章
# 表現活動の援助指導

　子どもの主体的・創造的な表現活動を支える援助指導は，どのように行っていくものだろうか。保育者は日々の子どもとの関わりのなかで，子どもが興味・関心をもつ人（仲間関係など），もの（素材など），ことがら（遊びなど）を観察し，理解した上で指導計画を立案し，実践展開していくこととなる。第4章では，子どもの表現に対する保育者の姿勢や，表現をはぐくみ展開していくための環境づくりや声かけの工夫，指導計画作成の留意点など，援助指導において大切にしていきたいことを，事例もまじえながら具体的にみていき，考える。

# 1節　表現をはぐくむ援助指導

　子どもの表現活動を援助指導するためには，指導計画（保育計画）が必要となる。計画を立てないのは，失敗する計画を立てているようなもので，適切に計画を立てていくと保育の流れのなかで今何をすべきなのか理解することができる。

　保育の指導計画を立てる場合，年間の指導計画案があり，学期ごとの指導計画案があり，月間の指導計画案，週間の指導計画案，1日の指導計画案が作成されていく。いずれにしても，まずは，子どもたちが生活をしている姿，何に興味や関心をもち，どのような遊びを展開させているのか，どのような発達傾向があって，保育者がどのように発達を願っているのかということが計画を立てる材料となる。

　ただし，指導計画は，立てれば終わりというものではない。必ず「指導計画→実践→評価（振り返り）→次の指導計画の見直し」という一連の流れを繰り返しながら作成される。

　保育や教育に限らずこのように時間を伴う実践には，必ず計画や考えが可視化され，実際の検証をもとに近未来に修正をかけることが行われる。計画はこの循環の起点であり，指導計画を立てることは，むしろ保育者が保育の流れを意識化することにつながっている。

　また，保育の指導計画の立案は，保育者の考える活動を，子どもたちに一方的にさせるためのものではない。実践における様々な状況の変化を考慮し，不測の事態であっても活動の軸をおさえながら柔軟に対応することが求められる。

　このように考えると，保育の指導計画は，計画に子どもの活動を押し込むのではなく，子どもが主体的かつ創造的に力を発揮できるように立てられることが望ましい。また，指導計画案を立案し，編集していくときは，年齢ごとの子どもの育ちの大まかな見通しを立てておくと，その案をスムーズに立てることができる。

# 2 節 身体による表現について

　子どもたちは，主体的な遊びのなかから様々な体験をし，感動や心の揺さぶりからの表出を繰り返し，それらが表現へとつながっていく。2017年3月に告示された幼稚園教育要領，保育所保育指針，幼保連携型認定こども園教育・保育要領において，幼児教育を行う施設として共有すべき事項に「幼児期の終わりまでに育ってほしい姿」が示された。その一つに「豊かな感性と表現」が挙げられ，それは幼児期の間に「心を動かす出来事などに触れ感性を働かせる中で，様々な素材の特徴や表現の仕方などに気付き，感じたことや考えたことを自分で表現したり，友達同士で表現する過程を楽しんだりし，表現する喜びを味わい，意欲をもつようになる」と示されている。

　本節では，特に子どもの身体表現活動に着目し，子どもの豊かな感性と表現を引き出すための保育者の援助指導について，事例を挙げながら紹介する。

## 1 ——日常保育のなかから身体表現につなげる素材・題材の選定

　保育者は，日々の子どもとの関わりのなかから，子どもの興味・関心のある物や行動を観察し，一人ひとりの子どもに寄り添い保育を行っている。このような保育のなかで，一体どのようなことが身体表現の題材として取り上げられるのか，ここでは検討していく。

### (1) 自然や動物との関わりから

　子どもは園庭遊びや散歩などの際に，土いじりをすることや，花・木の実などの自然に触れること，虫を発見することや，四季を通して季節を感じることなど様々な体験をする。また，保育所や幼稚園等によっては，小動物を飼育している所もあるだろう。子どもは，小動物を見たり触ったり飼育したりすることから，感動や発見を得ることがある。このような関わりから得られた感動や発見をすぐにその場で動きにつなげて，表現遊びを楽しむとよい。このように，日々の小さな保育の出来事からでも身体表現につなげることが可能である。そのため，保育者は子どもを観察していくなかで，その都度，子どもが実際に感じた感覚や感動一つひとつを大切にし，その感覚や感情をもとにした動きを表現として取り入れていけるとよいだろう。

## （2） 年間行事の体験から

　子どもたちは園での年間行事において，いろいろな体験を重ね，そのなかで様々な発見や感動が芽生える。そういった事柄からも，身体表現につなげていくことができるだろう。例えば遠足に行って見たことや感動したことなど，そのときの情景を保育者が子どもに問いかけることによって，動きを引き出し，その引き出された動きを保育者は子どもと一緒に体を使って表現遊びにするとよい。実際に動物園に行った場合をここではみてみよう。一番気に入った動物が象という意見が挙がれば，保育者は，「どんなふうに動いていたかな？」「鼻はどのくらい長かったかな？」などと実際に保育者が象の動作をしながら問いかける。子どもはその保育者の問いかけに対して，手を使って鼻をぶらぶらとする表現をしたり，ゆったりと歩く象の歩行を表現したりと多様な動きが生まれるだろう。

　このように年間行事から広がる身体表現の題材では，保育者が子どもに問いかけることよって，子どもが感じた情景を，体を使って再現する過程が重要である。そして，子どもと保育者との間で会話を楽しみながら，その再現した動きから活動を発展させていくこともできるだろう。またこの活動は，身体表現のみにとどまらず，絵に描いてみたり，歌に合わせて動いて楽しむのもよいだろう。

## （3） 身近なものを利用して

　ここでは保育室にある身近なものを利用して表現遊びにつながる例を紹介したい。子どもたちは，保育室の床に張られたラインを橋などに見立てて綱渡り遊びをしたり，一枚のハンカチを三角巾のように頭に巻いてコックさんやお店屋さんになったり，またあるときは，カラーのビニール袋を腰に巻いてプリンセスになるなど，身近にあるものを利用することで模倣遊びにつながる。他にも，大きな布があれば，それを上下に動かしてみたり，使い方を工夫することで，海中や上空のような空間をつくり出し，その布と共に体を動かすことによって，より具体的なイメージが湧き，表現につなげることができるだろう。このように身近なものを利用して表現することは，子どもの身体表現を引き出す助けとなり，ものの使い方次第で，模倣遊びにつながり，最終的には劇遊びに発展させることなどもできるだろう。

## （4）絵本や手遊びから

　保育のなかで保育者は，子どもの発達に合った内容の絵本を選別し，読み聞かせをする機会が多様にある。子どもたちは，保育者に読んでもらいながら一緒に復唱したり，さらには絵本の登場人物になり動き出したり，思わず声を出したりする。こういった過程では，子どもたちのイメージや表現したい意欲を大切にし，身体表現へ導くことができる。特に身体表現につながる絵本の内容としては，描かれている絵を見て，子どもたちが思わず動いて模倣したくなるようなものや，動きが擬音語などで表現されている絵本を選ぶとよいだろう。

　また，手遊びも絵本と同様に，保育の場面ではよく登場する遊びの一つであり，保育者と子ども，または子ども同士でコミュニケーションをとりながら，一緒になって楽しめる遊びである。そのため，歌いながら動くという側面から身体表現の題材として扱いやすい。特に手遊びを身体表現の題材として扱うときには，座位での手の動きだけではなく，そこから自由に動きを発展させて，全身を大きく使って動くことや，保育者が子どもたちと一緒に動き，ある動きから新たな動きを創作するのも楽しい。

　例えば，「グー・チョキ・パーでなにつくろう」の手遊びの創作の場合，本来なら両手でグー・チョキ・パーを使って何かをつくるのだが，全身を使い歌のリズムに乗せて両手を横に伸ばし飛行機をつくる。そして大きく走り全身運動をする。その際，気持ちを盛り上げるために，「青空だよ，雲の上まで飛んで行こう」などと声かけをすると，より子どもの表現を引き出すことができるだろう。こういった手遊びをもとにした動きをつくる過程では，子どもたちの新たな動きのイメージや創造性を養うことができ，それがより豊かな表現へとつながっていく。保育者は，子どもたちの好奇心や感性を上手に刺激し，表現につなげていきたい。

## ２——子どもの表現を身体表現活動へつなげる

　保育者は，子どもたちが感じていることや表現したいこと，表現しようとしていることを的確に把握し，豊かな感性を養う身体表現活動へとつなげていく環境を整えたい。ここでは，子どもの発達段階に合わせた身体表現や身体表現を引き出す言葉かけ，表現を受けとめる姿勢について事例を挙げながら検討する。

## (1) 子どもの発達段階に合わせた身体表現

　園生活では，様々な出来事による感動や発見などがきっかけとなり表現が広がっていくが，そのような事柄を身体表現活動に無理なくつなげていくためには，子どもの発達段階に合わせて，保育者が関わっていくとよいだろう。

　まず，乳幼児は，身近にあるものが揺れる動きに興味を示し，その動きに反応して楽しむ姿をみることができる。そして，3歳頃までは保育者と子どもが一緒に体を動かし，表現することを楽しむ。4歳になると，子どもたちが提案した動きを保育者が一緒にしたり，友達と一緒に動いたりして楽しむことができる。5歳になると，数人のグループで活動ができるようになり，保育者が見守るなか，友達と工夫をしながら表現を楽しむことができるようになる。この頃になると，題材によっては，ただ単に動いて表現を楽しむだけでなく，他者と動きを見せあい，鑑賞することができるようになる。身体表現を鑑賞することにより，様々な表現があることに気づき，より豊かな感性や表現を養うきっかけになるであろう。

## (2) 身体表現を引き出す言葉かけの工夫

　子どもの主体的な表現活動のなかで豊かな感性や創造力を引き出すには，保育者からの言葉かけが大切になってくる。特に身体表現活動に用いられる言葉かけは，子どものイメージを引き出すために，オノマトペを使用したり，より動きの変化を促進する言葉かけが重要である。具体的には，言葉に抑揚や強弱をつけ，言葉の「間」を大切にするとよい。そのようなことを意識して子どもに言葉かけをすると，動きの大小や強弱，また曲線的な動きや直線的な動きなどさらに異なる動きへと身体表現が発展していくであろう。例えば，転がる動作を擬音語で伝える場合，「ゴロゴロ」と「ゴロンゴロン」とでは受け取る側の印象も全く違う。さらに声色を変えて伝えると，質感も変わってくる。このように言葉かけといっても，伝え方によって違った動きを引き出すことができるため，多様な表現を引き出す言葉かけをしたいものである。

　ここでH幼稚園年長クラス（5歳児）の運動遊びを紹介する。これは，保育者の言葉かけから子どもの動きが変化した事例である。活動の概要は，10月下旬，子どもたちが秋の収穫祭やハロウィンの文化に触れたことで，ジャック・オ・ランタンというおばけをテーマにして，クラス全体で「おばけに変身」と

いう表現遊びを行った活動である。保育者は，
子どもたちからおばけのイメージを引き出すた
めに，「ハロウィンの魔女」「幽霊」「モンスタ
ー」「妖怪」などが描かれた絵本を見せ，子ども
たちの想像力を膨らませる。「どんなおばけに
変身する？」「おばけになって何をしようか？」
という保育者からの問いかけに子どもたちは
様々な意見を出し，提案されたおばけをみんな

写真 4 - 1　ろくろ首

で動いて表す。子どもたちがいろいろなおばけに変身するなかで，「ろくろ首」
を表現している子どもに，保育者が「いいね。首がどんどん長くなっていく
ね」と声かけをした。子どもは，動きがさらにダイナミックに変化していった
（写真 4 - 1 ）。保育者がそのとき発した言葉かけは，子どもの動きをさらに引
き出すために，首が伸びていくことを意識させるような声かけになっていた。
このように保育者は，子どもの表現を瞬時に捉え，次々に生み出される表現に
対応して，子どものイメージをさらに広げるような，より具体的な声かけを意
識し，子どもの表現力を高めていけるとよいだろう。

### (3) 表現を見守り，受けとめ，共感する姿勢

　保育者は子どもたちから出された表現を見守り，受けとめ，共感し，一緒に
表現することを楽しむことが大切である。同時に，子どもが没頭して表現して
いる姿に寄り添い，褒めてあげることも大切である。褒める際には，より具体
的にどのような部分がよかったかを伝えることで，動きに変化が生まれる。子
どもは褒められることで有能感を得て，表現することへの意欲がより高まる。

　ここで，1 歳児Y君の突然の表現に母親が共感する事例を紹介する。Y君と
母親が散歩に行こうと準備していたら，Y君は突然，両腕を後ろに押し出し，
前のめりになりながらにこにこと走り出した。Y君は，「シュッシュッ」と言
って廊下を走り回る。母親は，「飛行機に乗っているの？」と話しかけ，「この
子，風を感じているのかしら？　気持ちよさそう」とつぶやく。

　このように子どもが，突然スイッチが入ったように何かになりきり，身体表
現を始めることは保育のなかでもよくみられることである。「シュッシュッ」
という擬音語を，母親は飛行機のイメージと捉え，「飛行機に乗っているの？」

と声かけをし，気持ちを盛り上げている。本当は，電車かもしれない。しかし
Y君の表現を止めないで受け入れ，一緒に表現を楽しみ，見守っている。この
ように子どもの表現に共感し，寄り添う姿勢によって，子どもと保育者との信
頼関係が築かれ，子どもが安心して自由に表現を楽しめるようになるだろう。
子どもが安心して自分のありのままを表現し，それを受け入れてくれる環境が，
子どもの表現意欲をさらに高めていくだろう。

　保育者は，日々の保育のなかで，子どもたちと様々な活動を共にし，感動や
発見を共有する。そのなかで身体表現につながる出来事は至るところにあり，
その都度，子どもの表現を見逃さずに観察し，身体表現に無理なくつなげてい
けるような環境を整えていきたい。そして，保育者自身も表現することを楽し
み，子どもの豊かな感性や表現が育まれる身体表現活動の展開につなげられる
よう，子どもへの言葉かけなどを大切にして，身体表現する楽しさを伝え，寄
り添っていきたい。

　付記
　「2．（2）身体表現を引き出す言葉かけの工夫」で紹介したH幼稚園の「運動遊びの活動」に参与観察させて
いただき，感謝申し上げます。


## ❸節 音楽による表現について

　保育のなかで子どもたちが音楽遊びをする際，その援助としてまず何よりも
重要なことは，演奏のしかたやそのできばえにこだわらないということである。
歌を歌うにしても楽器を演奏するにしても，また音楽に合わせて身体表現をす
るにしても，子どもたちが音や音楽と主体的に関わり，自ら様々な方法で表現
しようとするその意欲を受けとめ，援助していくことが大切である。できばえ
にこだわりすぎて，押しつけになったり，子どもの気持ちを置き去りにしたま
まの教え込みになったりしないよう，十分気をつけたい。

## 1——遊びの楽しさをリズミカルな唱え言葉を用いて表現する

　子どもたちは日常の生活や遊びを通して様々な音楽的表現を行っている。身

体の動きに合わせて「ぴょんぴょん」とリズミカルな言葉を唱えたり，遊びに入りたいときに「いーれーて」「いーいーよ」といった抑揚のある言葉のやりとりをしたりする場面はよくみかける。このようなリズミカルな言葉や唱え言葉のなかにみられる音楽的表現は，子ども自身の「楽しい」といった心情や高揚感から生まれるのである。

---

**事例1　遊びの楽しさからリズミカルな言葉を唱える（2歳児女児Tちゃん）**

　外遊びの時間，砂場で遊んでいたTちゃんは，バケツに砂と落ち葉を入れ，シャベルで交ぜていた。Tちゃんは「ケーキつくってるんだー」と言いながら「まぜまぜー，まぜまぜー」とリズミカルに唱え，バケツのなかの砂と落ち葉を繰り返し交ぜた。

---

**事例2　保育者のリズミカルな言葉をまねして唱える（2歳児男児R君）**

　園庭の雲梯の近くで遊んでいたR君は，落ちていた木の枝を拾って，雲梯を叩き始めた。すると，金属音のよく響く音に驚いたR君は「おー」と声を発した。それをそばで見ていた保育者もR君のまねをして木の枝を拾い，一緒に雲梯を叩き始めた。保育者がその音に合わせるように「トントントン　トントントン」とリズミカルな言葉を発すると，R君も保育者のまねをして，自分の叩くリズムに合わせて「トントントン　トントントン」と唱えた。

---

　事例1では，砂と落ち葉を交ぜているうちに，「ケーキをつくる」というイメージをもち，その楽しさから「砂と落ち葉を交ぜる」動作に思わず「まぜまぜー」と抑揚のある言葉を発した。「リズミカルな言葉を唱える」という行為から，Tちゃんの遊びに対する楽しい気持ちを読み取ることができる。

　そして，事例2では，木の枝で雲梯を叩いたときの響く音に驚いて，繰り返し鳴らすことを楽しんでいたR君を見て，保育者もその気持ちに共感するように一緒に叩き始めた。保育者は一緒に音を鳴らす楽しさをより感じられるように「トントントン」という言葉を発したが，その言葉によってR君の「音を鳴らす」遊びの楽しさはいっそう増し，保育者と同じ言葉を自らも唱えるという行為へとつながった。この遊びは周囲にいたクラスの友達にも広がり，みんなで木の枝をもって，雲梯のいろんなところを鳴らす遊びへと発展していった。雲梯のそばにあった大きなタイヤを鳴らす子どももいた。R君は楽しいと感じる気持ちがますます高まったのか，その日の朝の会で歌った「かえるのうた」

を，雲梯を叩きながら歌い始めた。すると保育者や他の友達もＲ君のまねをして「かえるのうた」のリズムに合わせて歌を口ずさみながら雲梯を鳴らしていた。

　これらの事例のように，遊びの楽しさを表現するために思わずリズミカルな言葉や抑揚のある言葉を口ずさんだり，それらが歌を歌うという行為へと発展したりすることは保育の場面でよくみられる。保育者は子どもの「楽しい」という気持ちを受けとめたり共有したりしながら，リズミカルな言葉や歌を一緒に楽しんでいるのである。

## 2──歌詞の意味からイメージを広げる

### 事例3　歌詞の意味をどのように理解するか（3歳児女児Hちゃん，男児S君）

　Ｈが，当時（3歳の頃）〈あめふりくまのこ〉という歌の2番を歌っているとき，「さかなが　いるかと　みてました」という部分を，「おさかな　イルカと似てました」と歌っていて，笑いが止まらなかったことがある。最近になって，弟のＳ（3歳3か月）も，アンパンマンの主題歌で「アンパンマンは　君さー」というところを，「アンパンマンは　キリンさーん」と自信満々に歌っていて，やはり大笑いした。

（岡本ら，2004）

　このエピソードは家庭のなかでのものであるが，保育の現場でもしばしばみられるようなことではないだろうか。岡本らは，子どもは「知っている単語，理解している知識を総動員して，ことばを使おうとする。ことばをいったん覚えはじめると，はじめて耳にすることばやフレーズも，白紙の状態で吸収するのではなく，自分がすでに知っていることばに引きつけて解釈して使おうとする」と述べているが，ここではＨちゃんはなぜ熊が「魚がいるだろうか」と川をのぞく必要があるのかということを知らなかった。それよりも「魚はイルカと似ている」と解釈するほうが歌詞を理解し，イメージして歌いやすかったのであろう。

　また，Ｓ君も同様で，岡本らはＳ君が「相手のことを『君』と呼んだことも呼ばれたこともなかったのだろう」と述べている。経験のないことを理解することは困難であるだけでなく，子どもにとっては意味をなさないこともある。意味のない歌詞を歌うこと（ときに子どもはこのような歌も歌う）も言葉遊び

として楽しいこともあるが，この場合のＳ君は「アンパンマンはキリンさん」という，Ｓ君にとって理解できる「意味」を形成し歌った。

　この場で歌詞の間違いを指摘し，「正しく歌わせる」ことは果たして重要であろうか。それよりも，子どもたちが聞き覚えた歌をどのように理解し，解釈しているかということに関心をもち，子どもの理解のしかた，内的世界の築き方を知ることのほうが重要なことであろう。そのことをきちんと理解できれば「では，どのようにして本来の歌詞の意味を解釈できるようになるか」という援助のしかたもおのずとみえてくるだろう。大切なことは，子どもの心がこんなに豊かで想像性にあふれているということを知ること，そのように育っている姿を十分に認め，受けとめることなのである。

## 3 ── 音をよく聴く，音をつくる

### 事例4　手づくり楽器をつくる（5歳児女児Ｊちゃん）

　クラス活動のなかで「手づくりマラカスをつくって遊ぶ」活動をしていた。紙コップを2つ，あるいはそれ以上長くつなげたりして，そのなかに米，小豆，大豆，ビーズ，ひまわりの種，どんぐりなど，様々な素材を，子どもたちが自由に選んで入れていた。できあがったマラカスを持って子どもたちがそれぞれ振り方を工夫して，思い思いの音の鳴り方を楽しんでいた。

　Ｊちゃんは自分でつくった楽器を何人かの友達と見せあいっこしていた。そしてそれを担任保育者に見せて「先生，聞いてね。私のはお米，Ｍちゃんのはどんぐりが入っているの」と言って，自分たちの楽器の音を披露していた。

　そこで保育者はＪちゃんに，「いい音ね。じゃあ，ＪちゃんとＭちゃんのを一緒に重ねて振ったらどんな音がするのかな」と質問してみた。ＪちゃんとＭちゃんは，2人でそれぞれの楽器を縦に重ね，合わせて一緒に振ってみた。するとＪちゃんは「わー，合わせたらいい音がする」と言って喜び，何度も2人で振っていた。

　手づくり楽器の楽しさは，自分たちで工夫して好きな形の楽器をつくることができることや，素材の組み合わせや振り方の工夫で様々な音が出せるということであろう。子どもたちが積極的に音づくりに関わり，音に耳をすまして，自分なりの心地よい音を探していくことに意義がある。

　この活動のなかで，担任保育者はＪちゃんに「ＪちゃんとＭちゃんのを一緒に重ねて振ったらどんな音がするのかな」というように，子どもたちが気づか

なかった「２つの楽器を重ねて鳴らしてみる」という奏法の提案をし，Ｊちゃんは２つの音が重なって鳴る音を「合わせたらいい音」というように感じた。このことは，Ｊちゃんにとって新しい発見であっただろう。

　いろんな音を探してつくってみる過程において，子どもたち自身で発見したことに共感することはもちろん，子どもたちに「気づいてほしい」という願いをもって，その時々に応じて「意味のある質問」をすることも，保育者の援助として重要なことである。

## 4 ── 子どもの音楽的表現をはぐくむために

　これまでみてきた事例からわかるように，子どもたちの音楽的表現をはぐくむためには，保育者の関わりが重要な役割を果たす。それは表現のしかたや技法を援助することではなく，あくまでも子どもの心情や意欲を大切にし，自ら主体的に様々に表現しようとする思いを汲み取ることである。

　さらに，子どもの音楽的表現を捉える視点として重要なことは，子どもは音楽的表現を通して，自分自身の内に広がる想像の世界を表出していると理解することである。みんなと一緒に歌を歌ったり楽器を演奏したりしていても，それぞれの子どもの内的世界に築かれる物語は一人ひとり違うのだということ，それぞれの子どもが今どのようにしてそれを築いているのかということを，保育者はしっかりと受けとめる必要がある。

　「正しい音程で歌われているか」とか，「リズムをまちがわずに演奏しているか」というような，表出された音楽的表現の技能的側面ばかりにとらわれずに，子どもの内的世界の広がりや深まりといった感性的側面をしっかりと受けとめることが最も重要である。

## ④節 造形による表現について

## 1 ── 子どもの造形表現を支えるために

　保育者が子どもの造形表現を実践しようとするとき，子どもの表現を理解し，一人ひとりに応じた援助を考えることが大切である。保育者が愛情をもって子

どもに関わることで，子どもは自分らしい造形表現を試みようとする意欲をもつことができる。保育者は子どもの様々な造形表現を肯定的に捉え，その子の視点でその表現を見ようとすることで，子どもの造形表現への理解を深めることが可能となる。また，一人ひとりの造形表現から，その子どもなりの表現や思いを汲み取ることが大切である。そのためには，表された造形表現から，どうしてその色や形，素材によって表現されているのか，どのような思いで描いたりつくったりしたのか推測してみることが，子どもの内面を理解する手掛かりとなる。そしてどのような表現であっても，発達の過程であると受けとめ認めることで，子どもは安心して，より豊かな造形表現の力をはぐくむことができる。

　子どもは造形活動によって様々な経験を積み重ねている。そのとき，クラスという集団としての造形活動の指導を考えると同時に，一人ひとりに応じた援助を考えることが必要である。クラスでみんなが同じように描いたりつくったりしているように見えても，一人ひとりの子どもにとっては同じ経験をしているとは限らない。したがって，クラス全員に対し同じことを同じ方法で画一的に指導するのではなく，一人ひとりの発達や興味・関心に応じた援助や，造形表現にみられるその子らしい考えや思いを尊重することが大切である。一方で，クラスという集団としての造形表現と一人ひとりの造形表現とは，相互に影響しあっていることも考えなければならない。クラス全体の造形表現の特徴や傾向を把握することで，一人ひとりの造形表現の特性やよさを確認することができる。造形活動を行うとき，クラス全体への指導と同時に，一人ひとりに応じた援助の手立てを具体的に考える必要がある。

## 2 ——指導計画

### (1) 指導計画の作成

　一人ひとりの子どもの興味や関心と発達の状態を理解し，幼稚園や保育所等での生活を振り返ることが指導計画の作成では不可欠である。

　保育者は日々の子どもの遊びの様子から，子どもの実態に応じた指導計画を立案する。それまでの遊びの経験や興味・関心から，どのような造形活動を経験することによって，どのような力を身につけてほしいのか考える必要がある。

乳幼児期の造形的な経験は，小学校以降の造形表現に大きく影響することが考えられることから，保育者は子どもの発達に応じ，見通しをもって様々な造形的な体験を重ねることができるよう配慮しなければならない。

　造形活動には，絵を描いたり，紙を切ったり貼ったり，粘土でつくったりすることで作品となる活動や，感触遊びや素材遊びといわれる，形としては残らないが素材のもつ特性を諸感覚で味わう活動とがある。活動では，感じたことや考えたことについて素材を媒介として表現することに重点を置くこともあるだろう。色や形，素材の特性について気づくことや用具の使い方に焦点を当てることもあるだろう。また，友達との関わりから，一人では得られない造形表現の実現を目指すことも考えられる。年間を通じた指導計画から，月案，週案，日案へと，さらに季節や行事も考慮し，長期的な見通しをもって考えることが必要である。

## (2) 教材研究

　造形活動をする上で教材研究は不可欠である。教材について素材としての性質や特徴を把握すること，そして活動のなかで，どのように教材を取り入れ活用するのか考える必要がある。子どもが素材と対峙したとき，その素材に興味・関心をもって，自分なりの表現を実現したり創造的な遊びに発展したりすることができるよう，保育者は教材について事前に十分検討しておく。そして，活動のなかで子ども自身が素材の特徴を知り，用具を適切に使えるようにするには，いつ，どのように示したり援助したりするのがよいのか考える必要がある。

　教材研究は，素材研究，教材研究，指導法研究の3つから成る。素材研究では，教材となる以前の素材そのものの特性を把握する。例えば石や葉，折り紙など，それだけでは素材だが，造形活動のなかに取り入れられたときに素材は教材となる。したがって，保育者は素材の特質を理解することで教材に活用することができる。製作遊びを行おうとするならば，素材となる画用紙や画材の特徴を把握した上で，その素材が子どもの発達や経験，そしてその活動を実践するために適切であるのか考えたり活用したりすることが教材研究である。指導法研究では，その活動によって，子どもがどのような経験をしたり，考えたり感じたりすることにつながるのか，予想することが必要である。素材研究と教材研究を行うことで，造形活動を実践した際の子どもの発言や造形表現する

姿を思い浮かべ，また活動の困難な場面についても想定し，子どもの造形表現に応じた指導を考えることが大切である。

## (3) 環境づくり

　子どもの姿から造形活動のねらいと内容を設定し，ねらいと内容に基づいて環境を構成する。その造形活動を通して発達に必要な経験を得ることができるよう，保育者は援助を行う必要がある。つまり，子どもの造形表現を予想することから指導計画を立て，実際に造形活動を行うことができるよう，環境を構成することが大切なのである。

　したがって保育者には，造形活動が実現するための環境を構成することや，活動の流れに即して環境を再構成する応用力が，子どもの表現や活動を豊かにしていくためには不可欠である。保育者が活動のねらいに基づき意図的に環境を構成することで，子どもと素材の距離や見方が変化し，造形表現が豊かになることが期待できる。一人の子どものアイディアや表現が，他の子どもたちへの刺激となって，思いがけない表現や遊びが生まれることある。

## (4) 準備から片づけまで

　造形活動では，子ども自身が材料を準備したり片づけたりすることが含まれると考えることができる。材料を取りに行くとき順番やルールを守ることで，安全で円滑に活動を楽しむことができる。また，クラスで共有している用具や数に限りがある材料を友達と譲りあって使うことで，社会性や道徳性，思いやりをはぐくむことにもつながる。また，次に使う友達のことを考えて材料を整えておくことや，使った用具や余った材料を決まった場所に戻すなど，保育室内を整理する習慣を身につけることによって，落ち着いて考えたりつくったりする環境を子ども自身が整える機会となる。描いたりつくったりした後は，自分の使った場所をきれいにすることも伝えるようにする。使った机を布巾で拭いて清潔さを保つ心地よさを感じたり，床に散らばった紙片などをゴミ箱に捨てることの習慣を身につけることで，常にきれいな保育室を保てるようにクラスのみんなで整えることは，造形活動ならではの特徴でもあり，指導計画を考える上で考慮したい事柄である。

## (5) 造形活動を振り返る

　活動後には，実践した造形活動について省察する必要がある。その活動が子

どもにとって魅力的なものであったかどうか，用意していた材料や用具は子ど
もの発達や造形表現にふさわしいものであったかどうか，振り返ることが大切
である。子どもの造形活動での姿を記録することで確認することができる。子
どもの表現にふさわしい援助となっていたかどうか，ねらいや内容が子どもの
実態に合ったものであったか，導入の方法や時間配分など視点をもって振り返
る。さらに，子どもが今後どのような経験を重ねていくことで，より自由に造
形表現を実現し，より造形表現する力を身につけることができるか考えること
も必要である。また，子どもの造形表現から，表現された形や色，素材などに
着目し，その子どもの表現の特徴やよいところについて挙げてみる。選んだ色
やつくった形，素材の組み合わせなど，試行錯誤した姿を思い返しながら表現
された絵や工作等を見ることで，次の造形活動を考えていきたい。

## 3 —— 年齢による造形表現

### (1) 年齢や性別からみた造形表現

　子どもの表現は年齢で区切れるものではないが，子どもの造形表現を考える
上で一つの指標となり得る。特に学級やクラスといった集団で活動を考えると
き，あるいは作品を見るとき，心や体の年齢的発達と合わせて考えることで，
活動のねらいやふさわしい材料や用具を選んだり，指導の手立てについて具体
的に考えたりすることができる。また，低年齢児は月齢によって，心身の発達
や生活経験の差が大きい。子ども一人ひとりの思いや表現は異なることから年
齢がすべてとはいえないが，一つの指標として押さえておく必要がある。

　好きな遊びや玩具が性別によって異なるように，同じ素材で同じ造形活動を
行っても性別によって表現が異なる場合がある。保育者は子どもに一律な表現
を求めることなく，どのような表現であっても認める姿勢をもち合わせていた
い。一方で，男児だから青，女児だからピンクといった材料の決定をすること
なく，子ども自身が考えて選択し，自由に表現することができるよう配慮する
必要がある。

### (2) 0・1・2歳児の造形表現

　0・1・2歳の子どもは，視覚・聴覚，嗅覚などや運動機能が著しく発達し，
身近なおとなとの応答的な関わりが大事な時期である。保育者の見守るなかで，

様々なモノに出会い，モノの形や色，そして感触を楽しめるような工夫を心掛けたい。造形活動を行う際には，子どもに作品をつくり上げることを求めるのを優先させることなく，造形表現の素地をはぐくむ時期にあることを考慮したい。自然を感じる活動や，触感を楽しむような活動を積極的に取り入れ，感じたり，感じたことを表現したりする楽しさを味わうことができる機会を設けるようにする。造形表現に関わる経験を重ねるなかで，技術が伴わなくても形や色で表現することができ

写真4-2　覗いてみると

るような活動を考えて材料を工夫することで，造形表現の楽しさや表現することの充実感を得られることに重点を置いた活動を中心に実践したい。また，低年齢児のときには，特に自然の美しさや不思議さ，季節の移り変わりについて，諸感覚を通じて感じたことを表現することを経験しておきたい。自然の形や色のもつ美しさに触れることは，心が豊かになると同時に想像力や創造性にも大きく影響することが考えられる。

## (3) 3・4・5歳児の造形表現

　3歳児以降になると，表現したいことが子どものなかで明確になってくる。子どもが表現したいときにそれが実現できるように，保育者は材料と用具の準備や示すタイミングについて考えておく必要がある。特に，はさみやキリなどの用具の正しい使い方を伝えることで，安全にそして子どもが思うように表現することにつながる。紙を立てる，くっつけるといった技術的なことは，活動のねらいや状況に応じて試行錯誤する場面とするかどうか，よく見極める必要がある。また，友達の表現から表現方法を知ったり，他者との表現の相違に気づいたり認めあったりする機会も設けるようにしたい。外国籍の子どもや配慮が必要な子どもなど多様な子どもの表現を見たり聴いたりすることが，子ども自身の表現を拡げる契機となるとともに，他者を受け入れ尊重することにつながるよう心掛けることが大切である。

**研究課題**

1．遊びのなかでみられる子どもの素朴な音楽的表現に注目してみよう。グループワークを通してどのような表現がみられたか話しあってみよう。
2．公園やレストランなど日常生活のなかで子どもの表現を見つけてみよう。あなたがその子どもの担任保育者だと想定し，園でどのような表現活動を提案できるか，具体的に挙げてみよう。

 **推薦図書**

岡本拡子（編著）（2013）．感性をひらく表現遊び——実習に役立つ活動例と指導案．北大路書房．

駒久美子・島田由紀子（編著）（2023）．0〜6歳児「創造性を豊かにする」保育．東洋館出版社．

## Column 4

# 生活や遊びのなかにある「表現」を見る楽しさ

　子どもの造形活動は「作品」をつくることだけではない。五感を働かせて「感じる」ことから始まる。特に低年齢の子どもにとっては，すべてがはじめての体験である。知らないものごとに興味を示し，それがどんなものなのかを確かめ知ろうとする。作品になることもあるが，ならなくてもよい。

　例えば，はじめて水性ペンを手にした1歳児をイメージしてみよう。最初はペンを手に取り，並べたり，入れ物に出し入れして遊ぶかもしれない。小さな指を動かしながら紙の感触を確かめているうちに，くしゃくしゃにするかもしれない。そのような時間や体験も大切にしたい。遊びのなかでたまたまペンを持った手を上下してみたら紙に色がつき，手を少し動かしてみたら線になることを発見する。もちろんおとながペンで字を書いている様子は見て知っているが，自分の手の動きが色や形を生み出すことは，どんなに不思議で感動的なことだろう。必ずといっていいほど，そばにいるおとなの顔を見る。おもしろくてどんどん手を動かす。身体の発達とともに自然に横線，縦線，ぐるぐる，閉じた円などが出現する。おとなにとっては当たり前のことであるが，はじめての体験では，はさみで紙が「切れる」こと，糊で紙が「くっつく」ことなど，そのこと自体が不思議で，おもしろく，楽しいことではないだろうか。子どもは生活や遊びのなかで五感を働かせて様々な「もの」に触れ，感じ，気づき，わかり，できるようになっていく。気づいたこと，できるようになったことなどを使い，考え，試し，工夫し，表現が生まれるのである。

　おとなは「作品」をつくらせることに捉われていないだろうか。できばえを考え，必要以上に手伝っていないだろうか。子どもの好奇心を引き出す環境をつくり，日々の生活や遊びのなかで，子ども一人ひとりが何を楽しみ，感じ，気づき，考え，試しているか，友達とどのような関係が育っているか，結果的にどのようなことができるようになったかなどを伝えることのほうが，保護者にとってはうれしいことではないだろうか。展示や展覧会のあり方も変わり，「造形活動」「表現」に対する保護者の見方も変わっていくだろう。何より，子どもの姿をゆったりと見ることは，保育者にとっても楽しいことである。安易に「上手！」「何描いたの？」「何つくったの？」と言いがちだが，子どもの視点になると「不思議だね」「おもしろいね」「楽しいね」「なるほど〜」「工夫したね」などと，子どもの思いに共感する言葉が自然に出てくる。

# 第 **5** 章
# 保育現場での実践と考察

　保育現場における子どもたちの生活（暮らし）と遊びのなかで，子どもたちは常に総合的に表現をしている。本章では，あえて身体，音楽，造形という3つの視点から子どもたちの様々な表現を捉え，子どもたちが主体的に豊かに表現をしている実践（エピソード）を紹介していく。

　同時にそれぞれの実践（エピソード）における保育者の直接の援助（応答・やりとり）や，間接の援助（環境設定）などを紹介しながら，それぞれの考察を述べていく。

節 身体による表現について

　子どもの表現においては，生活のなかで心動かす出来事に触れ，そのときに感じたことをどのように表したいか自分なりに考えて表すことが大切であるということは，要領・指針で書かれている通りである。園の環境や保育者の援助，その時々の子どもの関心や，その際に生まれる子どもの表現を見る保育者の目や子どもへの願いによって，その内容や方法は様々であろう。そこで本節では，保育者の関わりや言葉によってどのように子どもの表現に変化が生まれるか，いくつかの事例を通して考えたい。

## 1 ── 主体的な表現を引き出す環境

　子どもがイメージの世界に没入して表現で遊ぶためには，モノや環境との関わりが重要である。保育室や園庭における玩具や季節の移り変わり，保育者や仲間など，子どもを取り巻く環境すべてが表現のきっかけになる。また，子どもたちの表現を受けとめ，表現を返す保育者自身の身体の動きや表現，表現に対する姿勢も，子どもたちにとっては環境の一部であることを心に留めたい。

### (1) 保育室の環境──子どもの表現のきっかけづくり

**事例1　3歳児**

　電車ごっこやバスなど乗り物への関心が高まっていたクラスだったが，インフルエンザがはやり，病院に行く子どもが多くいたため，乗り物への関心が救急車や病院に移っている様子を保育者は感じた。そこで，保育室に病院コーナーをつくると，自由遊びの際にお医者さんごっこがはやり始めた。

写真5-1　保育室に設置した病院コーナー

### 事例2　4，5歳児

　自由遊びの際にそのときはやっていたある映画の歌を歌いながら踊る子どもたちが増えていた。そのため，保育者は野外のウッドデッキに小さなステージコーナーをつくり，そばに様々な色と大きさの布やスカーフ，エプロンなどを置き，さらにステージの前にはビールケースの椅子などを置いた。すると，布を体に巻きつけてドレスにしたり，頭にスカーフをつけたりしながら，歌って踊り演じる子どもたちが出てきて，一緒に歌って踊ったり，演じる順番を待ったりする姿がみられる。ビールケースの椅子には，自分はステージに立たないが，それを観て楽しむ子どもたちも集まっている。

　幼児期は，イメージの世界と現実の世界を行き来して遊ぶことが特に楽しい時期である。事例1，2は，その時々の子どもの関心をテーマとしてコーナーをつくることで，子どもが自然と何かになりきり，演じる姿が生まれた事例である。そのようなコーナーがあることで，自由遊びの際にその世界観がクラス全体に広がり，みんなでイメージを共有することにつながることもある。このような環境を設定することが，子どもの表現へのきっかけになる。

## (2) 保育者の表現——子どもの関心から表現への発展

### 事例3　2歳児

　散歩中，紅葉した落ち葉がたくさん落ちている。2歳児が拾って投げて遊んでいると，保育者は「小さい秋見つけた〜」と歌いながら子どもたちと同じように落ち葉を投げて遊ぶ。

　子どもの表現は，「身体での表現」「音楽での表現」と分離されるものではなく，特に，歌と動きは一体として生まれるものである。子どもは歌いながらスキップをし，跳ねながら歌う。この事例は，子どもが落ち葉に関心をもったことから，そばで歌を歌いながら動きとつなげる保育者の対応である。そのときに子どもがすぐに歌ったり動いたりしなかったとしても，歌うように強制したりせず，そばで歌うことで，後々の子どもの身体の動きと歌への表現につながる種となる。

### 事例4　3歳児

　年長の子どもたちがクラス対抗でドッジボールをしている。だんだん試合が

> 白熱していくなか，近くで遊んでいた年少の子どもたちが何人か立ち止まり，試合の様子をじっと見始めた。まわりの年長の子どもたちが「がんばれー！」と応援している姿を見て，年少の子どもの一人が誘われるように，「がんばれー！」と声を出し始める。保育者はそれを聞いて，同じように，「がんばれー！」と言う。すると，他の子どもたちも，「がんばれー！」「がんばれー！」と言い始め，その声は共鳴し，だんだん子どもたちの体が弾み始める。保育者はその様子を見て，先日の運動会のダンスで年長の子が使っていたポンポンを持ってきて，それを年少の子どもたちのそばに置き，保育者自身はポンポンを持って「がんばれー！」と言いながら踊り始める。それに気づいた数名の子どもたちは，同じようにポンポンを持ち，「がんばれー！」と言いながら踊り始める。

　この事例では，子どもの応援する姿から，年少が憧れる年長のポンポンを環境としてそばに置くこと，保育者自身がそれを使って踊ることで，子どもの表現を誘発し，発展させている。

## 2 ── 子どもの表現を受けとめる

**事例5　2歳児**

> 散歩からの帰り道，一人の子どもがカエルの格好をしてぴょんぴょんと跳び始める。保育者がそれに気づき，「カエルさんなんだね。元気に跳んでるね」と笑顔で声をかけると，子どもは頷き笑いながら跳んで進む。他の何人かの子どもたちもそれを見てまねをしぴょんぴょんと跳び始め，保育者は「元気なカエルさんがたくさんいるね」と声をかける。その様子を見て，近くにいた子どもがうずくまって進み，チラリと保育者を見上げ，保育者が気づいていないとまた進み，チラリと保育者を見上げる。しばらくして保育者はその様子に気づき，「あれ？　○○ちゃんは何かな，ダンゴムシかな？」と聞くと子どもはうれしそうに頷き，また進み始める。

　幼児期には，このように保育者に見てもらうことを求める姿勢がよくみられる。子どもは，相手が見て，認めて受けとめてくれていると感じたとき，自身の存在を肯定的に捉え，安心感を得てその行為の意味を捉え直し，表現として発展させていく。上記の事例では，さらに，一人の子どもの動きを他の子どもたちがまねしている姿がある。

## 3——活動と生活のなかでの連続性——子どもの発想から発展させる

**事例6　4歳児**

　クラスでのリズム遊びで跳ぶ活動をしていた影響を受け，数名の子どもたちから「空飛ぶほうき」をつくりたいという案が出た。そこで保育者は，すずらんテープなどを用意しほうきづくりのコーナーをつくった。その後，自由遊びの際には園庭で自作のほうきにまたがり走り回ったり，飛ぶ練習をしたりする子どもたちの姿がある。保育者も同様にほうきにまたがり遊んでいる。

　子どもたちから出てきた発想を保育者が受けとめ，表現したいことがより明確になり，内容に変化が生まれ表現が豊かになっていく過程である。このような子どもの発想やつぶやきを受けとめ，共に楽しむことは，身体表現だけに留まらず，総合的な表現へと発展していく。またその後，飛ぶ羽をつくりたいという子どもも出てきたため，自由遊びのなかのコーナーの一つとして羽をつくるコーナーをつくると，そこから羽をつくって渡す子どもと，その羽を受け取って遊ぶ子とに分かれたため，そこから羽屋に発展した。さらにその遊びが数日続くなか，羽を買うためにはお金が必要だと紙幣をつくり始める子どもがいたり，年度当初からレゴ遊びにのみ熱中していた子どもが羽を買いにきて興味を示すなど，遊びの発展がみられた。

　子どもの発想を丁寧に受けとめおもしろがりながら，子どもと共にその発想を実現させることが，時におとなの想像や想定を越える表現につながっていくということは，忘れないようにしたいことである。

## ２節　音楽による表現について

　保育のなかで実践される音楽を伴う活動にはどのような場面があるだろうか。朝の会や帰りの会などのみなが集まる場面で歌う，あるいは発表会や運動会などの行事で楽器演奏，歌，ミュージカルやダンスなどを披露するといった場面をイメージすることが多いだろう。

　しかし，音楽活動は「見栄えよくしあげ，大勢の前で発表する」ことを目的として行うものなのだろうか。そもそもなぜ保育のなかで音楽の活動を行うの

か。本節では，保育における音楽活動の意味やねらいについて考えたい。

# 1──日常の生活のなかで音や音楽を楽しむ

### 事例7　五感を通して音を楽しむ

　よく晴れた2月のある日の朝，0・1歳児クラスの前の砂場に数人の子どもたちが集まって砂場遊びをしていた。さらさらの砂の感触を楽しむように「砂をすくってまく」を繰り返していた子どもたち。保育者は「今日は暖かいのでお水をまいてみる？」と言葉をかけ，バケツに水を入れて運び，砂を触っている子どもたちの手に水をかけながらゆっくりと砂場にまいた。

　子どもたちはバケツから流れる水を手のひらですくったり，砂にしみこむ前に砂場にたまった水に触れたりしていた。手に触れる冷たい感触と，水がはねる音。自分の手の動きに合わせて鳴る音を興味深く聴いているように何度も繰り返し「ぴちゃぴちゃ」と音を鳴らしていた。

　やがて子どもたちの手の動きは規則的になり「ぴちゃぴちゃ　ぴちゃぴちゃ」とリズミカルな動きと音になっていった。数名の子どもたちの手の動きは次第にそろっていき，同じリズムを打つように「ぴちゃぴちゃ」という音と水や砂の感触を楽しんでいた。

### 事例8　保育者の歌いかけが遊びを楽しくする

　保育者はこの日，お天気もよく少し暑いくらいなので，冷たい水で遊ぶのもよいかと考えていた。水が砂場に流れる様子，手に触れる冷たい水の感触，砂場に水がたまる様子，しみこんでいく様子，そしてさらさらの砂が水をふくんでしっとりとすると手に触れる感触も変わることを見たり感じたりしてほしいと思った保育者は，遊びのはじめから水をまいておくのではなく，さらさらの砂の感触を十分に味わった後に水をまいてみようと考えた。

　子どもたちは大喜びで，砂場にできた水たまりに手をつけて楽しんでいる。水がしみ込んだ後の砂の感触を十分楽しんだ様子を見た保育者は，そのそばで「だんごだんごくっついた」の歌を歌いながら砂でお団子をつくり始めた。この歌は朝の会などで子どもたちと一緒に歌っている手遊び歌で，子どもたちにも大人気。保育者の口ずさむ歌に合わせて子どもたちも歌いながらお団子づくりを楽しんだ。

　事例7と8は同じ日の朝の遊びの様子である。保育のなかで子どもたちが遊ぶ様子を見ていると，様々な場面で五感を通して外の世界を感じている姿に出会う。水たまりのなかに素足で入って水の冷たさを感じるとき，同時に足を動かすたびに鳴る水の音を聴く。木々の葉っぱが風にそよぐ様子を見ながら，葉

写真5-2　砂の感触を楽しむ

写真5-3　お団子づくり

っぱのにおいを感じ，同時に葉っぱの揺れる音を聴く。このように，子どもたちは生活のなかにある身近な音を聴きながら，視覚，触覚，嗅覚などほかの感覚も働かせている。五感を働かせて外の世界を感じ，心地よさや楽しさといった心情を味わうのである。事例7で，子どもたちはさらさらの砂の感触，水たまりができた砂と水の感触を楽しみながら，水を触ったときに鳴る音にも興味をもち，ぴちゃぴちゃという音を鳴らすことを楽しんでいた。その音はほかの子どもたちの興味をひき，「リズムを合わせた動き」になり，一緒に音を鳴らす動きへと変わっていった。

　また事例8は，保育者自身が発した歌によって遊びがさらに発展した場面である。保育者は，砂の感触を楽しむだけでなく，水が砂にしみこむ様子，水を含んだ砂の感触が変化することなどを感じてほしいと考えた。しっとりとした砂の感触を楽しんでいる様子を見て「お団子をつくってみよう」と考えたが，ちょうどその朝も歌っていた「だんごだんごくっついた」の手遊び歌を，お団子をつくりながら思わず歌い始めたところ，子どもたちもお団子づくりと歌に心が動いたのか，夢中でお団子づくりを始めた。楽しい気分のとき「思わず歌を歌う」ことはよくあるが，その歌がさらに周囲の子どもたちを巻き込んで「みんなで歌いながら遊ぶ」お団子づくりへと発展していったのである。

## 2 ── 文化としての音楽

　運動会や発表会などの行事に向けて，歌や楽器の練習をする園は多い。しかし，「演奏を披露する」ことが目的の歌や楽器の練習は，子どもの生活経験と

かけ離れている場合が少なくない。歌を歌うことも楽器を演奏することも子ども
の音楽経験として必要なことであったとしても，子どもが自ら歌いたい，楽
器を演奏したいという思いから始まらなければならない。それは，音楽は私た
ちの生活に必要な文化の一つとして位置づいていくことが本来のあり方だから
である。

> **事例9　和太鼓の演奏を披露したい**
>
> 　ある園の地域では，毎年大きな祭りが開催される。この祭りでは山車が市内
> を回るときに演奏される和太鼓や笛の曲があり，伝統行事として今も地域の人
> たちによって大切に引き継がれている。
> 　この町で生まれ育つ子どもたちにとって，この時期のお祭りで演奏されるお
> 囃子の太鼓や笛の音は，ずっと聴いてきたものであり，身近で親しみあるもの
> なのである。なかには山車に乗せてもらったり，練習に連れて行ってもらった
> りする子もいて，そのような子どもたちは，特にこの時期，太鼓を打つ経験が
> 楽しくてしかたがない。
> 　保育者は，子どもたちのこのような生活経験を保育のなかに取り入れたいと
> 考え，毎年年長になると，運動会には必ず，音楽に合わせた和太鼓の演奏をす
> ることにしていた。どのような曲に合わせて演奏するか，演奏のしかたもリズ
> ムの打ち方も子どもたち自身が考え，意見を出しあって決めていくのである。
> 和太鼓の練習の先生役は，お祭りで実際に山車に乗ったりお囃子の演奏をした
> りした経験のある子どもが引き受ける。子どもたちは最初，先生役の子に教え
> てもらいながら太鼓の叩き方を学び，その後自分たちに合った曲に仕上げてい
> く。
> 　ある年には，運動会で経験した和太鼓の演奏を，冬の発表会でもやりたいと
> いって，さらに練習を重ねた。合奏のなかに太鼓を入れて演奏したり，劇遊び
> のなかでの効果音として和太鼓を用いたりした。さらに2月には豆まきの行事
> の際，鬼の登場場面で和太鼓を用いたりもした。

　事例9から，子どもたちの生活経験のなかにある「和太鼓の音楽」が，子ど
もたちの文化の一つとなって，様々な場面で保育のなかに生かされていること
が読み取れる。子どもたちの生活と切り離された，「演奏を披露する」ために
だけ取り組む音楽活動ではなく，継続的に発展していく活動として和太鼓が子
どもたちの生活の環境のなかに存在している。このことは，子どもたちが「文
化のなかで育っている」ということ，子どもの表現は文化的に意味づけされた
ものとして存在していることを示している。

# 3節 造形による表現について

　本節では，東京都C保育園5歳児クラスの1年間の保育のなかでの造形活動の実践を取り上げる。昨今，レッジョ・エミリアに代表される「プロジェクトアプローチ」のように，子どもたちの興味や関心，探究心に寄り添いながら，一つのテーマを展開し遊びと学びを深めていくプロジェクト型保育も盛んに行われるようになっている。子どもたちが主体的に考え行動するプロセスを大切にした上で，描いたりつくったりを中心に，テーマが二転三転しつつも1年近く続いた事例を紹介する。

## 1──ロボット工場をつくろう

### (1) きっかけはおみこしづくり

　東京都C保育園は，古くから宿場町として栄え大きな商店街がたくさんある東京の下町にある。5歳児のMクラスでは7月頃から，8月に行われる保育園の「夏祭り」にどんな催し物を行うか，話し合いが始まっていた。商店街のお祭りで，おみこしがかつがれているところをよく見る子どもたちから「おみこしをつくってパレードをしたい！」という意見が出た。

写真5-4　おみこしのアイディアスケッチ

写真5-5　やぐらづくり

　そこでアイディアスケッチ（写真5-4）を行い，どんなおみこしがよいか考えた結果，ダンボールでやぐらのようなものをつくり，棒にくくり，みんなでかつぐスタイルに決定した。その後チームに分かれ，ダンボールや廃材を使い，2週間ほどかけておみこしのやぐらが完成した（写真5-5）。

## (2) おみこしからロボットに変身

　「夏祭り」が無事行われ，パレードも成功した後，おみこしのやぐらはなんと〈ロボット〉につくり変えられるようになった。確かにつくっている最中にも，ダンボール箱の形状からロボットをイメージしたのか，手足や顔のようなものをつけたりしている様子がみられた。また当時クラスでは『わんぱくだんのロボットランド』（上野与志／作，末崎茂樹／絵，ひさかたチャイルド，1995年）という絵本が流行っており，今度は「ロボットランドをつくりたい！」という意見が出るようになった。そこで改めてアイディアスケッチ（写真5-6）を行い，ロボットに対してイメージを広げつつ，「ロボットランドってどんなところ？」「ロボット製造工場にする？」「動物のロボットもいたら楽しいね」などと子どもたちは盛り上がっていった。

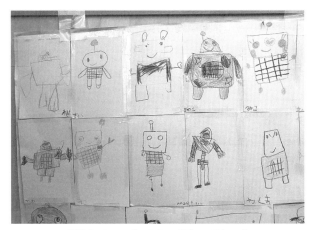

写真5-6　ロボットのアイディアスケッチ

写真5-7　最初の箱型づくり

写真5-8　大きな工場に発展

## (3) ロボット工場をつくる

　アイディアスケッチを行ったところ，ロボットのイメージは，子どもたちにとって漠然としていた。そこで子どもたちと話をし，ロボットにまつわる活動でどんなことができるか，ウェブを書き整理を行った。お散歩でロボットが置かれている場所へ行ったり，本などで調べたりした結果，「ロボットをつくったり，それで遊んだりできるロボット工場ランド」（通称ロボット工場）をつくることとなった。きっかけとして，板ダンボールで，枠となる大きな箱型の空間を保育者がつくると（写真5-7），そこからは子どもたち自身が空間をつけ足し増幅していく。最終的には教室の半分を占めるほど大きな工場になっていった（写真5-8）。

写真5-9　工場の大きな門

写真5-10　IDカード

## （4）展開と脱線

　「ロボット工場」をつくる遊びは，終わりを想定しない活動とした。子どもたちの興味に任せ，極力おとなの意向を挟まないよう見守った。保育者は目の前の活動を「意味あること」にしたいという傾向がみられることが多々あるが，意図した学びが目的となっては，その周辺にある気づきや主体性が失われてしまう。また教室が汚れ片づかないなど，おとなの都合で子どもたちの遊びが中断されることもよくないと考え，興味をもっているうちは続けることとした。こうして8月に始まった「ロボット工場」づくりは，9月になると教室の入り口に大きな門ができ（写真5-9），工場に入るためのIDカードもできた（写真5-10）。しかし今回の場合は，つくり進むにつれロボットへの興味がどんどん深くなっていくことはなかった。むしろ，「ロボット工場」をつくり込むほどにロボットから離れていき，廃材を出せばお料理ごっこや，武器づくりに夢中になった。

## （5）子どもが入れ替わり，新たな展開へ

　「ロボット工場」も10月に入ると，以前毎日熱心につくっていた子たちは，飽きて違う遊びへ移行していった。一方で以前あまり興味のなかった子たちが熱心につくり始めていく。その子どもたちのなかに恐竜マニアがいたことにより，「ロボット工場」は「恐竜研究所」へと変化していった。ロボットよりは，恐竜のほうが身近で捉えやすく，魅力的だったのだろう。一度下火になった「ロボット工場」も，また子どもたちがたくさん集まってくるようになった。

## （6）最後にもう一度「ロボット恐竜工場」をつくる

　おみこしづくりから5か月，毎日せっせと入れ替わり立ち替わり遊んでいた

写真 5-11　工場を再建設！

工場（研究所）もさすがにボロボロになってきた。子どもたちの興味もだいぶ離れてきたので，試しに工場の解体を提案すると，子どもたちは急に猛反対，「もう一度つくって，みんなに見せたい」という意見が出た（この頃3，4歳児クラスを意識するようになっていた）。そこで，今までの工場も生かしつつ，新たな素材を使い，つくり直すことにした。子どもたちの〈一度行ったことを反復しさらに進化させる能力〉は非常に高く，以前の倍の速さで「ロボット恐竜工場」が再建設されていった。絵の具も使い，最終的にとても素敵な空間をつくり上げた子どもたちは，3，4歳児の憧れの的になり，非常に満足気であった（写真 5-11）。

　この後，ひとまずダンボールは解体したが，いつでも組み直せる程度に畳んで隅に置いてあった。そしてMクラスでは，しばらくするとまたそれらを使い，別の遊びが始まるのだった。

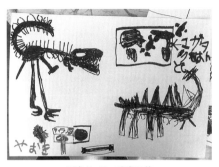

写真 5 -12　恐竜の絵　　　　　　　　写真 5 -13　化石づくり

## 2——博物館をつくろう

### (1) 化石かもしれない

　園庭がないＣ保育園は，日替わりで，近くの様々な公園や神社に遊びに行く。別チームが「ロボット工場」で盛り上がっている頃，一部の恐竜マニアたちは，せっせとその公園などから石のようなものを持って帰ってきていた。「こんな珍しい石はティラノサウルスの骨に違いない」「化石っていうんだよ」と恐竜マニアたちは話しあい，自分たちでラベルをつくり廊下に飾っていた。そして毎日恐竜の絵を描いては楽しんでいた（写真 5 -12）。

### (2) 自分たちでも化石をつくろう

　年が明けて 1 月。まだ「化石ブーム」は続いており，教室にこっそり増やしておいた魅力的な恐竜図鑑に夢中になり，どんどんくわしくなっていく。ロボット工場が終わり，新たな遊びがほしい子たちも巻き込んで，Ｍクラス全体に恐竜ブームが広まっていった。そのうち化石と思い込んで持ち帰ることでは物足りなくなり，「化石をつくりたい」という意見が出始める。Ｃ保育園には，好きにつくって焼くこともできる「テラコッタ粘土」があるため，みんなで化石や恐竜を思い思いにつくって楽しんだ（写真 5 -13）。

### (3) 博物館をつくりたい

　つくった粘土を焼いて本物の化石みたいにしたところ，子どもたちは大興奮。「この化石を飾る博物館をつくりたい！」となり，またダンボールでつくることになった。前述の通り，〈一度行ったことを反復しさらに進化させる能力〉

写真 5-14　恐竜の壁画　　　　写真 5-15　プラちゃん

をフルに使い，次々と様々なアイディアが形になっていく。恐竜が描かれた壁画（写真 5-14），「本日のスピノザウルス」という展示ブース，館内の地図，「プラちゃん」と名づけた実際に乗れるアトラクション（写真 5-15），なんと指紋認証型の自動ドアまでできあがった。

**(4)　一方その頃4歳児は**

　5歳児の夏から始まったロボット工場，そして年末から始まった恐竜ブームを見ていた隣の4歳児Yクラスは，もはや我慢ができなくなっていた。「自分たちもMクラスみたいなことがしたい！」と，廃材工作が始まった。4歳児はみんなで話しあって一つのものをつくり上げるということはやや難しい。しかしお友達と一緒につくったり，興味を持続させることはできるので，廃材を使い，子どもたちにとって最も身近な「食べ物」をみんなでつくり始めた（写真5-16）。そして子どもたちが考えたテーマは「たべほうだいやさん」。お店屋さんといっても，フードコートやバイキングのようなイメージらしく，5歳児から頂戴したダンボールの切れ端で看板をつくっていた（写真5-17）。またダンボールの箱をテーブルにし，レジやメニューまでつくるなど（写真5-18），自分たちで遊びを展開していった。随所に5歳児の影響が垣間見えるが，お客さんとして乳児クラスを招き入れ，お世話をしている場面では，4歳児がとても頼もしく感じた。年齢で子どもたちの「できる・できない」を推し量ってはいけないということが非常によくわかる事例である。

**(5)　博物館のその後**

　4歳児の「たべほうだいやさん」の最中も博物館づくりは続き，プラネタリ

写真 5-16　いろいろな食べ物づくり

写真 5-17　たべほうだいのお店

写真 5-18　メニュー

写真 5-19　プラネタリウム

ウムが誕生した（写真5-19）。その後もっとつくり進めたいところだったが，残念ながら卒園の時期となってしまった。こうして7月から約9か月間，5歳児Mクラスの壮大な遊びは，入れ替わり立ち替わり，テーマが二転三転しつつも子どもたちの興味の赴くままに続き，そのマインドは4歳児に引き継がれることになった。

　このように，子どもたち一人ひとりのアイディアや思いが生かされて表現が展開できるような遊びは，素材や道具，モノを介して表現する造形活動では非常に生まれやすい。保育者が先導するのではなく，子どもたちが主体の活動を心掛けていきたい。

# 4 節　表現のプロセスを記録・振り返る実践

## 1 ——表現のプロセスを記録する意味

　保育における子どもの表現のプロセスを記録する意味を考えてみると，大きくは 4 点にまとめられる。その 4 点を保育所保育指針の内容に関連させてまとめてみると以下のようになる。

　1 点目は，子ども一人ひとりの理解を深めるためである。保育現場における生活と遊びのなかにおける子ども一人ひとりの行為を記録し，その意味を読み取ることで，子どもが何を感じて，何を表現しているのかが理解できるということである。

　保育所保育指針解説の第 1 章総則　1 保育所保育に関する基本原則の「オ　子どもが自発的・意欲的に関われるような環境を構成し，子どもの主体的な活動や子ども相互の関わりを大切にすること。特に，乳幼児期にふさわしい体験が得られるように，生活や遊びを通して総合的に保育すること」，その解説に「遊びには，子どもの育ちを促す様々な要素が含まれている。子どもは遊びに没頭し，自ら遊びを発展させていきながら，思考力や企画力，想像力等の諸能力を確実に伸ばしていくとともに，友達と協力することや環境への関わり方なども多面的に体得していく。（中略）そうした遊びの経験における満足感や達成感，時には疑問や葛藤が，更に自発的に身の回りの環境に関わろうとする意欲や態度の源となる。子どもの諸能力は生活や遊びを通して別々に発達していくのではなく，相互に関連し合い，総合的に発達していく。（中略）」とある。これは，子どものありのままの遊びをしっかり観察し，記録することを前提とした内容であることを示唆している。

　さらに，第 1 章総則　3 保育の計画及び評価　（4）保育内容等の評価　ア　保育士等の自己評価　「（ア）保育士等は，保育の計画や保育の記録を通して，自らの保育実践を振り返り，自己評価することを通して，その専門性の向上や保育実践の改善に努めなければならない。（イ）保育士等による自己評価に当たっては，子どもの活動内容やその結果だけでなく，子どもの心の育ちや意欲，取り組む過程などにも十分配慮するよう留意すること」とある。さらに解説で

は，「【自己評価における子どもの育ちを捉える視点】保育士等は，乳幼児期の発達の特性とその過程を踏まえ，ねらいと内容の達成状況を評価することを通して，一人一人の子どもの育ちつつある様子を捉える。その際留意したいのは，発達には個人差があること，できることとできないことだけではなく，子どもの心の動きや物事に対する意欲など内面の育ちを捉えることである。子どもが何をしていたのかということやその結果のみでなく，どのようにして興味や関心をもち，取り組んできたのか，その過程を理解することが保育をよりよいものとしていく上で重要である」とあり，プロセスを理解することが記されている。

2点目は，保育者自らの保育実践を振り返り，省察をするためである。保育を長年実践していくと，ついつい保育の実践がマンネリ化していく危険性がある。そのマンネリ化を防ぎ，保育者自身の新たな自己課題を明確にする意味と，保育者自身の保育観を常に相対化していく意味がある。

保育所保育指針の「第1章総則　3保育の計画及び評価」の解説に，「保育所において，保育の目標を達成するためには，子どもの発達を見通しながら，保育の方法及び環境に関する基本的な考え方に基づき，計画性のある保育を実践することが必要である。保育所における保育は，計画とそれに基づく養護と教育が一体となった保育の実践を，保育の記録等を通じて振り返り，評価した結果を次の計画の作成に生かすという，循環的な過程を通して行われるものである（下線筆者）」とある。そして，「（ウ）保育士等は，自己評価における自らの保育実践の振り返りや職員相互の話し合い等を通じて，専門性の向上及び保育の質の向上のための課題を明確にするとともに，保育所全体の保育の内容に関する認識を深めること」としている。

3点目は，園全体（仲間）で保育を共有共感するため（相互理解）である。保育所保育指針の第1章総則　3保育の計画及び評価　（4）保育内容等の評価の解説では，「【保育士等の学び合いとしての自己評価】自己評価は，保育士等が個別に行うだけではなく，保育を行っている様子を保育士等が互いに見合ったり，子どもの行動の見方や自分の保育について話し合ったりするなど，保育士等間で行うことも重要である（下線筆者）。保育士等が，それぞれの作成した指導計画を踏まえ，保育における意図や願いなどを相互に理解し尊重しな

がら率直に話し合う中で，自分では意識していなかったよいところや特色，課題などに気付いたり，子どもについての新たな見方を取り入れたりする。このような取組は，保育所における職員間の同僚性や職員全体の組織としての専門性を高めることにつながっていく」「（中略）こうしたことを通して，保育士等の間に相互理解の下，意見を交わし合う関係が形成されると，それぞれがチームワークを高めていこうとする姿勢をもって，保育所全体の保育の内容に関する認識を深め，共に保育を行う喜びや展望をもって，組織として保育の質の向上に取り組むことが可能となる。自己評価を通じて，他者の意見を受け止め自らの保育を謙虚に振り返る姿勢や，保育に対する責任感と自覚など，組織の中で支え合って，学び合いを継続していく基盤が形成されることによって，保育士等の専門性の向上が図られる」としている。

　4点目は，保護者と保育者で保育を共有するため（相互理解）の意味である。つまり，保護者にわかりやすく保育を伝えること，そしてその情報をもとに保護者と対話をしていくことが保護者との連携につながるということである。

　保育所保育指針の「第4章子育て支援」では，「2保育所を利用している保護者に対する子育て支援　（1）保護者との相互理解　ア　日常の保育に関連した様々な機会を活用し子どもの日々の様子の伝達や収集，保育所保育の意図の説明などを通じて，保護者との相互理解を図るよう努めること」としている。この解説では，「（中略）保育所保育が，保護者との緊密な連携の下で行われることは，子どもの最善の利益を考慮し，子どもの福祉を重視した保護者支援を進める上で極めて重要である。家庭と保育所が互いに理解し合い，その関係を深めるためには，保育士等が保護者の置かれている状況を把握し，思いを受け止めること，保護者が保育所における保育の意図を理解できるように説明すること，保護者の疑問や要望には対話を通して誠実に対応すること，保育士等と保護者の間で子どもに関する情報の交換を細やかに行うこと，子どもへの愛情や成長を喜ぶ気持ちを伝え合うことなどが必要である。そのための手段や機会として，連絡帳，保護者へのお便り，送迎時の対話，保育参観や保育への参加，親子遠足や運動会などの行事，入園前の見学，個人面談，家庭訪問，保護者会などがある。このような手段や機会を子育て支援に活用する際には，保護者の子育てに対する自信や意欲を支えられるように，内容や実施方法を工

夫することが望まれる（下線筆者）」とある。

## 2──ドキュメンテーションについて

　前項で示した保育の記録の意味を踏まえて，最近，さかんに言われている保育の記録の一つである「ドキュメンテーション」について述べていく。一般的には，「ある目的のために収集・蓄積・作成された文書・図形など」「記録などを体系的に整理し，文書化すること」を意味する。

　ドキュメンテーションは，イタリアのレッジョ・エミリア市の公立の保育実践における「プロジェクト」（子どもの興味・関心から始まる一つのテーマを協同で継続的に探究する活動）のなかの保育記録が世界に広がったことによって，保育のなかで特別な意味をもつようになったもので，「保育のドキュメンテーション」という言い方もある。イタリア語では，Documentazione（ドキュメンタツィオーネ）と言われている。『保育学用語辞典』（秋田ら，2019）によると，「（中略）その特徴は，一人ひとりの子どもが興味や関心をもって夢中になって取り組んでいる活動の様子や真剣に考えている様子など，そのプロセスをさまざまなデジタル機器等も活用しながら，ときに子どもとの対話を通じて丹念に記録し，保育実践や子どもの内面世界の可視化を図り，継続的な保育の改善につなげていく点にある」ということである。

　保育のドキュメンテーションには，大きく3つの役割がある。1つ目は，子どもにとって，自分の姿を見つけ，自分のアイデンティティを確かめる媒体であること。つまり，自分が感じ，表現したこと，学びを振りかえり，次の行動意欲のきっかけにもなる学び（探究）の役割である。

　2つ目は，保育者にとって，自分たちの実践を振り返り，今後の実践の展開や計画づくりのヒントになっていく役割である。

　3つ目は，保護者や地域の人にとって，園での子どもの生活や遊びを理解，共有するための情報材料になり，保護者・地域と保育者の間での意見交換のための情報材料にもなる役割である。

　つまり，保育のドキュメンテーションは，「子ども・保育者・保護者と地域」それぞれの間の「対話」を引き出すコミュニティの媒体の一つであるといえる。

　保育のドキュメンテーションと共に最近よく話題となっているものに「ポー

トフォリオ」がある。これは元々は，紙をはさむケースやバインダーのことを指し，例えば，ファッションモデルが自分を売り込むためにつくるファイルもポートフォリオと言われている。

　保育のポートフォリオは，『保育学用語辞典』(秋田ら，2019) では，「(中略) 保育の場合，『子どもの心身の健康・根気・意欲・自信といった社会的・情動的性質を含めた一人ひとりの子どもの『学び・育ちの歩み (軌跡)』を文章による記述・写真・スケッチ・図表などに表し，ファイルなどに綴じるもの』とされるように，子ども一人ひとりの年間を通じた育ちや学びの軌跡を可視化するものとして作成されるものである。保育者が作成する場合が多いが，園によってはその作成に子ども自身がかかわったり，保護者を巻き込んで作成している事例も存在する」とある。筆者は，ポートフォリオもドキュメンテーションの一つであるという理解をしている。

 **研究課題**

1．園行事に向けた歌や楽器の演奏の練習において，子どもの興味・関心に沿った内容や，子ども主体の活動にするためには，どのような方法がよいだろうか。

**推薦図書**

岡本拡子 (編著) (2004). つくってさわって感じて楽しい！　実習に役立つ表現遊び. 北大路書房.
大豆生田啓友・おおえだけいこ (2020). 日本版保育ドキュメンテーションのすすめ──「子どもはかわいいだけじゃない！」をシェアする写真つき記録 (教育技術新幼児と保育 MOOK). 小学館.
大豆生田啓友・岩田恵子 (2023). 役立つ！　活きる！　保育ドキュメンテーションの作り方. 西東社.

## Column 5
### 審美性を求める心の育ち

　筆者がよく保育者から受ける相談の一つに「どうしたら子どもたちが怒鳴り声で歌わなくなるでしょうか」というものがある。実際に保育の現場に行くと，子どもたちが大きな声で怒鳴りながら歌っている場面をよく見かける。

　このようなとき，筆者は保育者に「どのような言葉かけをしているか」ということと，「どのように歌っているか」を尋ねる。多くの場合，「元気よく歌いましょう」とか，「姿勢よく歌いましょう」と指示している。また，全員が保育者のほうを向き，数列に並んで歌っていることも多い。一番前の列の子どもは保育者を見ながら，その後ろの列の子どもたちは前の列の子どもの背中を見ながら歌っている。

　子どもたちが大きな声を出す理由として考えられるのは，他の子どもの声に自分の声がかき消されて聞こえなくなり，それ以上に大きな声で歌おうとすることである。また，保育者の指示として「元気よく」と言われれば大きな声になってしまう。

　しかし，歌詞の意味をイメージしたり，「どのような声で歌うと心地よいか」と声の質をイメージしたりできるような言葉かけをしてみることも工夫の一つであると思う。実際に，保育者がよく響く声で歌って聞かせると，子どもたちはその歌声を「きれいだ」とか「心地よい」と感じるだろう。子どもにどんな声で歌ってほしいかということを保育者もイメージし，その声を聴くということも大切である。「美しい」「心地よい」といった心情を幼いうちから育てることが，審美性の育ちにつながるのである。「この歌はどんな感じの歌かな，どんな声で歌うとよいと思う？」と問いかけて，子どもたちが歌う声のイメージをもてるようにすることや，ときには「友達が歌う歌を聴いてみよう」とグループに分けて，お互いの声を聴きあう経験があってもよいだろう。そして，「自分自身の声を聴く」ことを意識できるようになったとき，子ども自身でどのように歌えば自分の歌いたい歌が歌えるかということに気づくことができるようになる。

　音楽を歌ったり演奏したりすることによって，「美しさ」や「心地よさ」を感じる。そのことが音楽の最も本質的な意味である。音楽の活動を通してそのような心を育てたい。

# 第6章

## 保育者自身の
## 表現力をはぐくむ

　子どもだけではなく，保育者自身の表現力をは
ぐくむためには，何が必要なのであろうか。それ
は，感覚や感性を刺激する体験や訓練のことであ
ろうか。何か特定の技術を身につけることなのだ
ろうか。そして，保育者自身が表現者となるとい
うことは，どういうことなのだろうか。第6章で
は，子どもの感性を豊かにするために，保育者自
身の感性を豊かにし，共に育つような心持ちと表
現力について考えていきたい。

# 1節　豊かな表現力をはぐくむために

　子どもたちの豊かな表現力をはぐくむために，保育者は，どのように感性を育てていけばよいのだろうか。それは，イラストを上手に描くようになることだろうか。工作ができるようになることだろうか。それとも折り紙を覚えることであろうか。筆者は，子どもの表現を受けとめることのできる柔らかな感受性をもつことだと思っている。子どもたちの小さな自我の芽生えと揺れ動きに対して，あたかも自分のことのように喜んで，丁寧に言葉を添えることのできる感性だと考えている。

　日々の保育に目を向けてみよう。例えば，造形活動の時間を想定する。子どもたちは，自分の思いが形になって小さな達成感を味わうと，必ず「見て，見てー」と自慢げに保育者に見せにくる。すると，保育者は，子どもの目線までしゃがんで「すごいなぁー。素敵になったねー。先生はこの色が好きだなぁー」と返している。すると，子どもたちは，満足そうにして，次のことにとりかかっていく。

　何気ない日常の保育の一場面かもしれないが，筆者は，このやりとりの積み重ねによって，人間の自我が育っていき，個性が伸びていくのだと考えている。

　表現という言葉は，その語源にもあるように「あるものを外に押し出す」という意味がある（第3章1節参照）。それは多くの場合，たいてい人と人の間のなかでエネルギーが行き交う，とても人間的な行為なのである。

　もし，前述の事例で「見て，見てー」と駆け寄ってきた気持ちに対して，いわゆるおとな目線の価値観で否定してしまい，あしらってしまったのなら，その気持ちは，行き先を失ってしまう。表現をするときの前に押し出そうとする気持ちは，誰かに受けとめられ，鏡のようにはね返り，その共感によって育っていくものではないだろうか。そして，願わくば，子どもが育っていくような言葉かけで共感してほしいと思うのだが，筆者は，そのとき，自分に正直でありたいと思っている。なぜなら，邪念のない正直な言葉でないと，子どもの気持ちに届かないからである。

　本節では，幼児の保育のエピソードではないが，あるカウンセリングの事例から，表現を受容する感受性について考えていきたい。

　筆者は，ある作業所から依頼を受けて，２年間不登校の高校生の家庭教師を務めたことがある。絵画指導という名目の家庭教師であったが，技術指導をしたことは一度もなく，ただひたすら，その高校生が絵を描いている横に座っているという仕事であった。

　その高校生は，１年生くらいから次第に，何となく学校に行けなくなってしまっていた。医者もカウンセリングも続かない。メンタルフレンドも拒否される。自室に塞ぎ込んでしまい，次第に，ぬいぐるみに話しかけるようになっていた。そこで，母親が精神科施設の作業所に相談し，巡り巡って筆者のところに家庭教師の名目で来てほしいとのことだった。

　はじめて会った彼女は，とつとつと話し，うつろな目をしていた。しかし，疎通性は感じられる。しばらく傾聴していると何もやる気がしないとのことであったが，唯一やってみたいことは，絵を描きたいとのことだった。

　画用紙をパネルに水張りしてイーゼルにのせる。アクリル絵の具で描く彼女のそばで，ただ座っているという不思議な家庭教師が始まった。

　彼女の絵のテーマには，やせ細った女の子が登場する。本人ともつかない，憧れなのか皮肉なのか，あまり生気のない女の子が描かれる。ときには着物を着ていたり，体が２つに裂けて分かれていたり，巨大な哺乳瓶を抱えている女の子が描かれることもあった。筆者は，なるべくその一連の作品を褒めるように心掛けていた。

　しかし，正直なところ，筆者はその作品を好きになれなかった。幼くてアニメ崩れのような気味の悪い作品ばかり。筆者は，彼女の気持ちを受容できなかった。それどころか，何のための表現なのか気づくことができないでいた。

　きっかけは，ある現代美術の作品だった。たまたま彼女がその作品について語り出し，作品の表現が，一般に受容されるギリギリのところを突いているある種の攻撃性に感銘を受けたと照れ臭そうに話したのだった。彼女が「ビヤッてする」という作品は，人間の精子をテーマにした彫刻であった。

　私は，目から鱗が落ちた。目の前で筆を動かす彼女を見ていても，そこまで追い込まれているとは想像もつかなかった。彼女は，抱えた苦しさのギリギリのところで表現をしていて，だからこそ，その彫刻にシンパシーを感じていた。なぜ一緒に闘えなかったのだろう。落ちた鱗は，猛省に変化する。筆者は，そ

の彫刻を通じて，彼女の苦しさを受けとめることができるようになった。

　それから筆者は，彼女の作品におもしろさを見つけることができるようになった。彼女の作品は，彼女が制作を通じて赤ちゃん返りをしていたことを示していたのだった。彼女は，自分を取り戻すかのようなやせ細った少女のなかに，未来を見つけることができるようになった。私とも歩調が合うようになった。私が，作品に手を入れたことは一度もないが，そばにいるだけで一緒につくっているような気持ちになることができた。

　それから，紆余曲折を経て，彼女は高校に戻っていった。出席日数のスレスレであったが，高校を卒業することができたのである。

　筆者は，この不思議な経験から，表現主体が子どもだけでなくおとなであっても，受け取る側が表現を受容することの難しさを痛感するようになった。同時に，狭い価値観ではなく，発達や成長を喜ぶことのできる豊かな感受性をもちたいと思うようになった。

　たとえ自分が手を動かして作品をつくらなくとも，苦しみや喜びを分かちあい，気持ちは一緒に闘えるような感性である。その気持ちが一緒であれば，共感の言葉は自然と生まれてくるのだと思う。

　正直な気持ちで表現を受容することが，その子らしさを助長して，その子自身を成長させてくれることを，あのやせ細った女の子が教えてくれたのである。

## ❷節　身体による表現力をはぐくむ

　ここでは保育者自身が自分たちの身体を使って，楽しく遊ぶことにより，身体による表現力をはぐくみ，保育者自身の表現力を向上させていくためのアイディアを紹介する。

### 【五感を使って遊ぶ】

　まずは五感（視覚・聴覚・嗅覚・味覚・聴覚）を意識的に使って遊んでみよう。目を閉じると，他の感覚がより鋭敏に働きだすことがある。例えば教室のなかで目をつぶって1分間くらい，聞こえてくる音に耳をすましてみよう。クラスのみんなと一緒に戸外に出て耳をすまして聞こえてくる音を収集し，グループごとに音の地図を描いてみるのもおもしろいだろう。

　2人組になって，1人が目をつぶり，もう1人がリードしながら安全なキャンパスや公園内を歩いてみよう。そのときに感じる顔に当たる風の感じや外気の匂い，陽の光の明るさや温かさ，靴の底から感じる地面がアスファルトから土の上に変化する様子や，落ち葉を踏みしめる音や感触を味わってみてほしい。安全を十分に確保できたならば短い距離を目をつぶったまま走ることにも挑戦してみよう。そのときに何を感じたか，自分の言葉で語り友人と共有していこう。

【想像する力を使って遊ぶ】

　みなさんには子どものように想像する力をふんだんに使って遊ぶ経験をしてほしい。まずリラックスできる場所に座って，次の文章を読みながら，ないものをあると想像して遊んでみよう。「あなたの手のひらの上には，1個の石鹸が乗っています。この石鹸は乾いています。どんな感触ですか？　どんな匂いがするかを想像してみてください。そしてあなたの目の前には水道の蛇口があります。その蛇口をひねって水を出して，石鹸を濡らしてみてください。さあ，石鹸はどんな風に変わりましたか？　そしてどんな匂いがしますか？」もしもないはずの石鹸を感じることができたなら，あなたには十分想像する力がある。

　集団で想像して遊ぶアイディアには「エア大縄跳び」がある。クラスの代表2人が大縄を回す係になる。もちろん縄はない。列に並んでいる人たちは，縄が回っているタイミングを図って飛んでいく。ない縄に当たって「痛い！」と想像する人たちがいる。「ひっかかったー！」と残念がる人がいる。自分とクラスみんなの素晴らしい想像する力を知って，ぜひ大笑いしながら遊んでみてほしい。

【見えないボールと遊ぶ】

　子どもたちは見えないボール回しが大好きだ。ぜひ保育者同士でもやってみてほしい。まずどんな大きさのボールかを自分の手のひらのなかでかたちづくる。ビー玉サイズなのか，野球ボールサイズなのか，岩のように重くて大きいボールでもおもしろい。そのボールを誰かに投げてみる。投げ方もあなた次第である。ふんわりとやさしく投げてもいいし，剛速球でもいい。それを受ける人はふんわり来たらふんわりと受け取り，剛速球で来たらしっかりそれをキャッチする。受け取った人は自由にボールの形やサイズを変化させてから，次の

人に投げていく。投げるときの音を声に出してみるのもおもしろい。

　次に，見えないボールを自分の頭の上に乗せてみよう。ボールが頭の上に乗っかっていると想像しながら歩いてみよう。次にボールを背中に乗せて落とさないように歩いてみよう。肩の上，腹の上，足の甲に乗せることもできるだろうか？　そしてボールを手に取って，ボールをあなたの好きな食べ物に変身させて，それを食べてしまおう！　それはあなたの身体のなかを駆け巡るだろう。

## 【トンネルくぐり】

　2人組をつくって，1人が足を広げたり四つん這いになったりして身体でトンネルをつくり，もう1人がそのトンネルをくぐる。くぐることができたらすぐに役割交代して，1人がトンネルをつくってもう1人がトンネルをくぐる。子どもはトンネルくぐりが大好きである。ぜひ子どものように息が切れるまで繰り返し遊んでみてほしい。これをおとなと子どもでやってもおもしろい。子どもがつくる小さなトンネルをおとながどうくぐるかが課題となるが，この人がつくるトンネルのよいところは，形を簡単に変えられるところである。子どもはちゃんと相手を見て，最初は難しくても最後にはちゃんとくぐらせてくれるだろう。

## 【ミラーゲーム】

　普段の生活のなかで，リードする側とリードされる側，あなたはどちらの立場になることが多いだろうか。誰もがどちらの立場も遊びながら経験していってほしい。

　2人組をつくってみよう。2人のうちのどちらかがA，どちらかがBになる。教師が「A」と言ったら，Aがリーダーになって動き，BはAのまねをして動く。このときAは，いきなり速く複雑に動くのではなく，相手の様子をよく見ながらゆっくりと動くこと。次に教師が「B」と言ったら，Bがリーダーになって動き，AはBのまねをして動く。動くことに慣れてきたらリーダーは相手がついてこられそうなゆっくりした動きだけではなくて，時々速くしてみたり難しい動きを入れてみたりしてほしい。教師はクラスの様子を見ながら「A」がリーダーのときと「B」がリーダーのときをスイッチさせていく。だんだんスイッチする間隔を短くしていき，どちらがリーダーかわからなくすることもおもしろい。どちらがリーダーであると決めなくても2人が相手を感じながら

動くこともできる。言葉を使わずにできる，身体で感じあうコミュニケーションを楽しんでほしい。

## 【動きと音と図形で遊ぶ】

　様々な楽器，特に打楽器を集めてみよう（タンバリン，カスタネット，トライアングル，鈴，カウベル，ギロ，オカリナ，リコーダー，太鼓，ピアノ等）。1つずつ楽器を鳴らして，その音に合わせて身体を動かしてみる。リズムや音色をよく感じながら動いてみよう。次にカードを用意し，楽器の音を聞いてその音のイメージを絵（図形）で描く。カードは何枚も描き，それらを床に並べて，目からの情報を動作のイメージに置き換えて動くこともできるし，それを図形楽譜にして，演奏することもできる。

## 【ダイアモンドダンス】

　誰かがつくった踊りを振りつけどおりに練習をして踊ることも楽しいが，ここではぜひ，即興的に自分たちでつくる踊りにも挑戦してほしい。ミラーゲームでは2人組でどちらか1人の動きをまねして動いたが，ここでは4人組をつくって1人の動きを他の3人がまねして踊る。まず全員が同じ方角を向いて立つ。その際に，先頭の人の少し後ろの両横に2人が立ち，さらにその2人よりも後方に先頭の人の真後ろにもう1人が立つ。ちょうど4人がダイアモンドの形（ひし形）になるように立つ。みんなが踊りたくなるような曲に乗って，先頭の人の踊りを後ろの3人がまねをして踊る。先頭の人がくるりと後ろを向くと，一番後方にいた人が次のリーダーとなる。いつでも一番前にいる人がリーダーになって，後ろの人達は先頭になった人のダンスをまねをして踊る。2組同時にステージに上がれば，即興であるのにバリエーション豊かな興味深い踊りになるだろう。

## 【絵本や紙芝居を読む“技術”】

　声を出すということも身体表現の一部である。緊張するとどうしても身体がこわばって肩が上がってしまう。そこで一度思いっきり肩を上に持ち上げてからすとんと肩を落としてみよう。身体のあらゆる部分をぶらぶらと揺らすこともよいだろう。少し離れた場所にいる友人とキャッチボールをしながらおしゃべりをすることもお勧めだ。楽しい気持ちと身体からは声も出しやすくなる。

　ここでは，絵本や紙芝居を子どもたちに読む際の「技術的」なことを簡単に

伝えたい。『オズの魔法使い』で，北の魔女がドロシーに向かってこんなセリフを言う。「家に帰してほしければ，その銀の靴を，およこし！」

このセリフを次に挙げる様々なやり方で読んでみよう。

1）あなたが出せる一番高い声／低い声で読んでみよう。

2）ものすごく速く／ゆっくり読んでみよう。

3）大事な言葉の前に「間」を空けて読んでみよう。もしくは，点や丸がついていないところで「間」を空けて読んでみよう。

自分の声が変化するのを感じられただろうか？　そしてその声からどんな北の魔女が新たに誕生しただろうか？　ぜひ，友人と共有してほしい。

## ❸節 音楽による表現力をはぐくむ

保育者を目指す学生にとって，音楽はハードルとして存在することが多い。その大きな理由としてはピアノを弾くことへの苦手意識が挙げられるのではないだろうか。多くの保育所や幼稚園では各保育室にキーボードやピアノなどが配置され，採用試験でもピアノを弾くことが試験内容の一つであることも多い（例えば令和5年度特別区立幼稚園教員採用試験では，二次選考において子どもの歌や子どもに向けた歌の弾き歌いが課されている）。したがって，保育者養成校においてピアノの授業は必須となっている。しかし，公立学校の音楽の授業においてピアノ技術を獲得する機会は基本的にはない。つまり，ほぼピアノという楽器を触ったことがないまま保育者養成校へ入学する学生が多い傾向にある。また，そもそもピアノが弾けないことで保育者への道を選択することにためらいをもつ生徒もいる。このような事態の根底にあるのは，「保育にはピアノが必要である」という意識である。本節でこの意識について述べることは本題ではないが，保育・幼児教育においてピアノ技術がある程度の必要性をもつものとして取り扱われていることは現実である。しかし，この現実で保育を志す学生たちが委縮してしまうことは非常にもったいないと考える。

保育や幼児教育における音楽表現活動とは何だろうか。筆者が授業において学生たちにこのような問いを投げかけると，学生たちは合唱や合奏などのみんなで一斉に音楽活動することがまず浮かぶようである。そうすると保育者とし

ては，ピアノで子どもたちの歌の伴奏を行ったり，指揮をしたり，歌や演奏の指導をしたりすることが必要であろう。その場合，保育者に必要な音楽表現活動を行うスキルは楽譜の読み書きができたり，ピアノが弾けたりすることである。しかし，保育や幼児教育における音楽表現活動，音楽表現とはそれだけであろうか。

　学生たちが「音楽」という言葉で想起するイメージは，極めて限定的であることが多いように感じられる。五線の楽譜に記譜される西洋音楽，ピアノなどの西洋の楽器，子どもの音楽としては童謡や手遊び歌などである。しかし，そのような音楽は多くの音楽の一つにすぎない。保育者として音楽表現活動を行うためにまず気づいてほしいのがこのことである。音楽は特別なものではなく，訓練を積まなくては楽しめないものでもなく，私たちの周囲に常にあるものである。

## 1 ——音に気づく

　五感のなかで大きな役割を果たす視覚と聴覚が異なる点は，自らの意思で見ない（聞かない）ということができるかどうかということであろう。なぜ私たちが自分の意思で音を聞かないようにできないのかは断定できないが，理由として考えられるのは音が重要な情報を含んでいるから，ということである。音色や音強，音の方向などから，何の音であるかを把握して生命に危険がないかをいち早く判断できる。視覚情報は基本的に顔が向いている方向の情報しか手に入らないが，耳はその機能で（音源定位という），視覚で確認できない場所からの情報を察知することができる。しかし常にすべての音を「聴く」ことは情報過多である。私たちは周囲にあふれる膨大な音のなかから，興味のある音，生命に関わりそうな音，日常生活では聞かない音などだけを選択して「聴いて」いる。この選択的聴取は成長するにつれて獲得するものであり，乳幼児は可聴域の音を広く聞いていることがわかっている（Bargones & Werner, 1994）。このことから何がいえるかというと，おとなと子どもの音の世界は異なっているということである。では，子どもの音の世界を感じ，共有するにはどうすればよいだろうか。

　サウンド・スケープ（sound scape）という概念がある。これはカナダの作

曲家マリー・シェーファー（R. M. Schafer）が提言した概念で，環境というと視覚的な風景のみを指すように思われるが，その風景は音によっても構成されているというものである。環境が変われば，そこに存在している音も変化する。また，音の特性として，非常に瞬間的なものであり，その日その場所であるから生まれるということが挙げられる。サウンド・スケープは自然環境だけではなく，人が生活するなかで生まれる音の環境に気づき，自分の周囲の環境を考えるきっかけを与えるものである。その活動の一つとして「耳をすます」というものがある。これはいつでもどこでも行える。今，耳をすまして，何の音が聞こえるかをすべて紙に書いてみよう。授業で行うと，本当に多くの音が挙げられる。空調の音，外から聞こえる体育をしている生徒の声，教室のなかの友達のささやき声や，紙とペンの音，自分の息遣い，衣擦れ，髪の毛のこすれる音を挙げた学生もいた。周囲に音があふれていること，自分が音に囲まれていること，意識していないだけで音の世界が広がっていることに気がつく。どこからどんな音が聞こえるかを地図にしたのがサウンド・マップである。これも屋内でも屋外でも作成可能だが，例えば外で行う場合，天気によっても異なるし，季節によっても異なる。鳥の声，葉擦れの音，秋になれば枯れ葉の音もするであろう。そこから季節の変化や環境の変化を知り，考えることができる。

　子どもはおとなが聞いていない音によく気がつく。それは子どもたちにとっては「聞こえている」音の話をしたにすぎない。保育者としては，自分の聞いている音の世界が限定的であることを知り，耳をすますことで子どもが聞いている音の世界に気づき，共有して広げていくことがまず必要であろう。

## 2──音の違いに気づく

　自分が様々な音に囲まれていることに気がつくことができたら，音の分析をしてみる。分析の視点として音の三要素から考えてみよう。音には音強，音高，音色の三要素があるといわれている。この三要素によって，その音の特徴が形づくられている。この要素のどれか一つでも変化すれば，その音の印象が変わる。同じ音色の同じ高さの音でも，強い音と弱い音では全く異なる音として感じる。

　また，音は振動である。何かを物理的に震わせることによって音をつくり出

すことができる。音を出すために効率的に振動させる道具が楽器と考えることができる。楽器の分類としては，大きく弦楽器，管楽器，打楽器，というように分けられている。この分類は素材や形状や演奏方法で行われているが，ここでは「何をどのように振動させているか」という視点で考える。

　まず「何を」として楽器の素材に注目する。楽器の素材としては木や金属がまず思い浮かぶが，その他にも多くの素材が使われている。動物の革や尾，毛，骨や角，貝，絹や紙などの繊維，土や石，竹，植物の実や蔓，ガラス，近年ではプラスチックやカーボンも欠かせない。これらの素材は基本的に昔からその国で当たり前に手に入るものである。身の回りにあるもので楽器はつくられてきた。その国の楽器はその土地の音である。蛇足であるが，そう考えると，楽器からその国の気候を含めた背景がみえてくる。

　次に「どのように」として楽器の分類から考える。先ほど述べたように，大きく弦楽器・管楽器・打楽器として分けられている。弦楽器はその名の通り弦を振動させて音を出す楽器であるが，その振動のさせ方によって撥弦楽器，擦弦楽器に分けられる。撥弦楽器は弦を弾いて音を出す楽器で（例えばギター，ハープや三味線，箏など。打弦楽器という言い方でチェンバロやピアノもこちらに分類されることもある），擦弦楽器は弦を弓などでこすって音を出す楽器（例えばヴァイオリン属や胡弓や二胡など）である。管楽器は，基本的に管状のものに息を吹き込んで空気を振動させる。リードを振動させて音を出すか（クラリネットやオーボエ，竜笛など），直接息を吹き込んで管を振動させて音を出すか（フルートやリコーダー，尺八やケーナなど），唇を振動させて音を出すか（トランペットやホルンなど）という発音機構の違いがある。そして打楽器はあまりにも種類が多いが，基本的に体鳴楽器，膜鳴楽器，気鳴楽器に分けられる。体鳴楽器はその名の通り本体自体が振動して音を出す楽器で，カスタネットや鈴，シンバルなどが該当する。膜鳴楽器は張ってある膜が振動して音を出す楽器であり，太鼓やタンバリンが該当する。気鳴楽器はホイッスルなどの息を吹きこむことによって音が鳴る楽器である。吹奏楽器であると考えると管楽器に分類されても問題ではないように思われるが，打楽器の特徴の一つとして挙げられる「明確な音高（ピッチ）をもたないこと」が理由であろう。

　どの素材をどのように振動させ，音の三要素をどのように変化させるか。

これらの組み合わせによって，様々な種類の楽器と，音色と，音の違いが生まれている。このように考えると一つの楽器や一つの素材から生まれる音色（あるいは質感と呼べるであろう）は一つではないことがわかるであろう。まずは保育者も子どもも音遊びから出発することがこれらのことを実感するためのスタートであると考える。身の回りの物からどのような音が出るか，遊んでみよう。例えば目の前の机を叩く。机の素材や，手のひらで叩くのか，こぶしで叩くのか，鉛筆で叩くのか，叩くのではなくこすってみるのか，はじくのか，両手を打ちつけるように音を出すのか，極めてソフトに指の腹でタッチするのか……そこにどのような音が生まれるだろうか。次に，音でいろいろなものを表現してみる。様々な音からどのようなイメージが湧くだろうか。音の三要素である音強や音色を変化させたり，テンポやリズムを変化させたり，何人かで鳴らすのならば違う音を重ねてみたり，遊びを拡張させていった先にイメージが湧くこともあるだろう。筆者の授業では，音遊びの一環で新聞オーケストラを行っている。用いるものは基本的に新聞紙だけである。この素材をどのように振動させるのか，何で振動させるのか，そしてどのように変化させるのか。素材と遊んで，試して，考えて，イメージを膨らませて，作品をつくってもらっている。そこには正解はなく，ボディーパーカッションや身体的表現も伴うような多様な作品が生まれている。

## 3 ── 基礎的音楽知識とピアノ技術について

ここまで，音楽は特別なものではない，ということを実感してもらうために具体例を挙げながら述べてきた。しかし基礎的音楽知識とピアノ技術は必要ない，とは現状では言い切れない。ここまで述べてきたように，音楽というものは専門的な知識や技術がないと楽しめないものではない。音楽表現や音楽をつくることは，生活や遊びのなかから発見して楽しめるものである。とはいえ，一方で子どもの歌と呼ばれる童謡やわらべうた，子どもたちが大好きな様々な音楽がある。歌の世界はその歌詞によっても子どもたちの想像力を広げてくれるが，四季や行事，植物や動物，虫や物・現象の名前を知ることだけが子どもの歌の役割ではない。単純に友達とそれらの歌を歌い，ときには音楽に合わせて身体を動かすことが子どもたちの喜びとなることもある。そして，保育者が

それをサポートしようと考えたときに基礎的な音楽知識とピアノ技術が必要になる。日本の音楽教育は西洋音楽がベースである。基本的に保育・教育の場における音楽は五線譜で表されている。楽譜を読み，歌を再現するには基礎的音楽知識が必要であり，ときに伴奏して子どもたちの歌唱や演奏を支えるためにはピアノ技術も必要である。

ただし，ピアノ技術についてはピアニストのような技術が必要なわけではない。例えば演奏家に求められるのは，記譜されている音符を含めた記号を正確に再現することだったり，声も含めた楽器の音色の微妙な差異を，その音楽を表現するためにコントロールすることであったりする。しかし，それは演奏者自身が主役である場合であり，保育者はあくまで主役たる子どものサポーターである。サポーターとして優先するのは，記譜どおりに正確に再現することや微細な音色表現や音楽表現をすることではなく，子どもたちの音楽表現を支えることである。そのために必要な技術としては，例えば，メロディがわかりやすいように楽譜にとらわれずシンプルな伴奏にアレンジすることや自分のピアノ技術が楽譜に追いつかない際でも止まらずに一曲弾き切ること，あるいは子どもたちが歌いやすいように移調することが挙げられる。これらを身につけるためには，必ずしも演奏家と同様のプロセスを歩む必要はないであろう。もちろん，一定以上のピアノ技術を習得していればこれらのことを行うことは比較的容易い。ただ必要条件ではないというだけである。また，楽器は人間の声や身体ができないことも可能にする。大音量や多くのハーモニー，音楽の運動性などである。このような楽器の機能をもって子どもたちを支えることが目的であることを念頭におくことが第一であるといえる。

子どもたちの音楽表現に必要なのは，偏らない音楽経験であると考える。身の回りにあふれる様々な音，音楽に気づき，音楽の自由さや楽しさを保育者自身が子どもたちと一緒に感じられることが大切であろう。

## 4節 造形による表現力をはぐくむ

「造形」とは特別な芸術活動であり，センスや知識を問われ，自分には理解できないと考えている保育者もいるしれない。そのため美術を専門に学んだ造

形の講師やアトリエリスタなどが園にいない場合は，保育者自身が活動や素材・道具などを考えることになるので，どうしても保育雑誌などに載っている，みんなが同じやり方で同じようなものをつくる「お製作」に頼ってしまう人も多いだろう。しかし，造形活動は子どもたちにとって日々の遊びの一つであり，特別な素材や道具を使わなくても日常的に楽しむことができる。以下は，保育者自身が子どもたちの表現を育むためにできるいくつかの提案，造形が子どもも保育者自身もより楽しくなるヒントである。

## 1 ——造形コーナー・クラスのギャラリーを設置する

　保育のなかでの造形活動で「お製作」を子どもたちに強要していては，豊かな感性と表現ははぐくむことはできない。体験させたい素材や道具があるとしたら，できるだけ彼らの興味に沿って，思いを試せるように題材や環境を設定する必要がある。とりわけ子どもたちがやりたいときに，自由に描いたりつくったりすることができる環境が重要であるので，まずは「造形ボックス」と「造形コーナー」を設置することがおすすめである（写真 6 - 1）。「造形ボックス」は，ペン，はさみ，のり（ホチキス），折り紙など，子どもたちが日常的に使う道具を，使いやすい入れ物に入れたもの。「造形コーナー」とは，その「造形ボックス」と，素材となる紙や廃材（空箱などのリサイクル素材や，紙コップなどの生活素材）が置いてあるコーナーである。「造形コーナー」は，何かつくりたいときに自由に使ってよいことにすると，自分のペースで描き，つくることができ，また他の友達がつくっているものに興味をもったりなど，クラス全体として「表現すること」への興味が生まれてくる。もし，いつでもはさみ

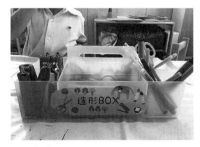

写真 6 - 1　造形ボックスと造形コーナー

写真 6-2　展示スペース

などを出しておくのは，目が行き届かないときに不安という場合は，普段布を
かけておいて，ゆっくり使える時間は布を外す，などクラスでルールを決めて
もよいだろう。

　また教室の壁を「ギャラリー」として，子どもたちが「造形コーナー」でつ
くったものや，家からつくってきた作品やお手紙などを飾るスペースにするこ
ともおすすめである（写真 6-2）。壁面は，保育系雑誌の型紙などを使い，季
節ごとに手の凝った情景をつくり上げる保育者も多いと思うが，それらはおと
なの自己満足なだけで，子どもたちの成長や発達には無駄な徒労にすぎない。
保育者だけが頑張った痕跡しかない壁面よりも，子どもたちの小さなおしゃべ
りが聞こえてきそうな，素敵な絵やつくったものであふれる壁面のほうがよい
と考える。子どもたちはそのギャラリーに触発され，他の友達の描いたものに
影響されたり，翌日園で飾ってもらうことを楽しみに家から手紙を書いたりす
るだろう。子どもたちは思っている以上に創造的である。保育者は，「子ども
たちにとって何が楽しいのか？」を常に考え，彼らと同じ目線になって，一緒
に発見し，共感しあい，思いを受けとめることが重要である。

## 2 ── 素材や道具を知る

　「造形活動」とは，子どもたちが日常的に描いたりつくったりをするなかで
自分の思いを試したり新たな挑戦をしたりと，表現することを楽しむ活動であ
る。前述したとおり〈日々の遊びの一つ〉であるので，そこで出会う素材や道
具も保育の現場では，日常的なものであることが大切である。身近にあるもの

を繰り返し遊ぶことにより子どもたちは「自分なりの表現」を獲得していく。以下はよく保育の現場で使う基本的な素材と道具である。

## (1) 基本の素材

　「素材」と「材料」という言葉があるが，保育の現場では「素材」という言葉を用いる。一般的に「素材」とは「ものをつくったり考えたりするもとになるもの」を指す。数量や目的が明確な際に使われることが多い「材料」と違い，その素材をどのように使っても自由な意味合いが，保育のなかの造形には含まれている。代表的な造形素材としては，クレヨンや絵の具，紙（廃材），自然物，粘土がある。

### ①クレヨン・絵の具

　クレヨンは幼児向けのロウ分が少ない柔らかいものが望ましい。絵の具は，幼児用ポスターカラーなど保育の現場で使いやすいものがある。保育者がそれを使って溶く場合は，水との比率を考える必要がある。また，保育者が基本の絵の具をつくっておくが，子ども自身で調整できるコーナーをつくったり，自由に取り出して使えるパレット型の絵の具を用意しておくという形も推奨する。保育スタイルに合わせ，素材の提供のしかたも考えるのが重要である。

### ②紙（廃材）

　紙は新聞紙などの柔らかい紙から，画用紙，ボール紙などしっかりした素材の紙，また包装紙や箱などリサイクル素材の紙まで様々な種類がある。子どもたちがその年齢や発達により無理なく扱える紙素材で，絵を描いたり工作を楽しむことは，表現の幅が広がる活動になるだろう。何より身近な素材である紙は，日常的に子どもたちの造形活動を支える素材である。

### ③自然物

　地域によっても異なる自然環境。例えば春になると色づく木々が，夏に生い茂り，秋には紅葉し，冬には葉が落ちる。もし身近にそのような変化があれば，それらを感じ，自然の恩恵物を造形素材に用いるととても豊かになるだろう。場所によっては，海岸に打ち上げられたものや，田んぼや河にいる生物や植物，雪や雨も素材の一つになるかもしれない。

### ④粘土

　粘土とは基本的に可塑性の高い「土」のことを指すが，昨今は土以外の素材

も「粘土」と呼ぶことが多い。紙粘土，油粘土，小麦粉粘土，テラコッタ粘土，樹脂粘土，石粉粘土など。粘土は柔らかく自分の思った形をつくることができ，また壊して別のものもつくることができる。触覚的にも気持ちがよく，子どもたちにとって大好きな素材の一つである。

**(2) 基本の道具**

　園によって導入する道具や，子どもたちに紹介する時期は異なるが，保育の現場で子どもたちが使う道具としては，はさみ，のり・テープ，ホチキスが挙げられる。

**①はさみ（切る）**

　2歳児クラスから，幼児用のはさみを導入する園もあるが，一般的には「ひらく・とじる」手の筋力がおおむね発達してくる3歳児ぐらいからがおすすめである。子どもたちにとって，好きな形に切れるはさみという道具を使うことは憧れである。はじめは細長い色画用紙をチョキンと「切れる」ことを楽しみ，だんだんと紙を「切り分け」，その偶然できた形を「見立てる」ことを楽しむ。5歳児くらいになったら切りたい形を（紙に描いてから）「切り抜く」ということもできるようになってくる。子どもたちは，おとなが思う以上にはさみを真剣に慎重に扱うので，あまりに「危ない」と言いすぎて恐怖心を与えないことが，道具とより一層仲よくなるポイントである。

**②のり・テープ（貼る）**

　のりは，ベタベタヌルヌルが楽しい「素材」でもあり，くっつくことが楽しい「道具」でもある。はじめての「のり」との出会いは，手などに塗りつけて素材そのものの触覚を楽しむことも多い。「のり」という素材がどんなものか十分にわかると，次からは思い思いに「くっつける」道具として扱う。子どもにとって「のり」はおとなが思う以上に魅力的な素材であり道具である。また，シールやテープは，乳児期から扱える，幼児には欠かせない道具の一つである。モノ同士をくっつけるという目的以外にも，丸いシールやカラフルなビニールテープなどが画面づくりに活躍する。

**③ホチキス（つなぐ）**

　ホチキスは，紙と紙が「くっつく」「つながる」道具である。形を自分で切って見立て，組み合わせるようになる4歳児ぐらいからおすすめであり，「こう

したい！」と思った形がすぐにできる，子どもにとっては夢のような道具である。握力というよりはコツが重要で，はじめは少し難しい子もいるかもしれない。しかし「やりたい！」という気持ちが上回る魅力的な道具なので，何度でも果敢に挑戦し，保育者と一緒に挑戦しているうちにできるようになる魔法の道具である。はじめは，「細長い紙をどんどんつなげて長くなった！」というようなわかりやすい活動を行い，次第に立体物などをつくると，造形的思考の視野が広がっていく。

## 3 ── 保育者自身が表現者となる

　環境を整え，基本の素材や道具を知った上で，保育者自身が，「表現することが楽しい」と思うことが重要である。美術や図工が苦手，好きではないという学生は案外多いが，それはおそらく自身の子ども時代に「上手」「下手」という上下の価値判断の言葉を聞いたからかもしれないことが考えられる。少なくとも幼児の造形の世界に評価の言葉は存在しないはずである。

　しかし無自覚に「上手ー！」と言っている保育者は残念ながら多いかもしれない。子どもたちの思いを受けとめ，遊びを展開していくことを見守るはずの保育者の言葉が「上手！」だけでは，子どもたちの豊かな表現や感性は育まれるはずがない。

　上下の価値判断を示すような評価の言葉ではなく，保育者自身が感じた言葉で，より深いコミュニケーションをとることが必要不可欠である。つまりは，保育者自身が，子どもたちの表現を受けとめ思いを返す表現者になることが求められいる。

　それには特別な美術的な知識等はさして必要がなく，とにかく目の前の子どもたちに向き合い，一人ひとりの表現をおもしろいと感じる感性が大切である。表現を「受けとめる心」と「はぐくむ心」は保育者に求められる高度な専門性である。自分自身が表現者であり，子どもたちと一緒に「創造の時間」をおおいに楽しむことが重要である。

**研究課題** ──────────────────────────────

1．1分間耳をすまして，聞こえた音を書き出してみよう。どんなことに気がつくだろうか。
2．子どもの気持ちになって，新聞紙で遊んでみよう。一通り遊んだら，新聞紙からどれだ
　けの音が出せるか，音探しをしてみよう。

 **推薦図書** ──────────────────────────────

磯部錦司・福田泰雅（2015）．保育のなかのアート──プロジェクト・アプローチの実践から．
　小学館．
R. マリー・シェーファー（著），鳥越けい子ほか（訳）（2022）．新装版 世界の調律──サウ
　ンドスケープとはなにか．平凡社．

## Column 6

### 誰もが，想像する力をもっている

　筆者は「インプロ」の実践研究者で，演者としても舞台に立っている。インプロとは即興演劇のことで，脚本も，設定も，役も何も決まっていないなかで，その場で出てきたアイディアを受け入れ合い，膨らませながら物語をつくり，場面を演じながらシーンをつくっていく演劇のことである。近年この演劇が様々な場所で応用され，幼児から高齢者までが参加して様々な場所で行われている。私は今，保育者養成校だけではなく，小中高の学校教員を養成する大学や，医学部や薬学部でもインプロの授業を行っている。また官公庁や企業での人材育成の研修にも呼ばれてインプロを教えることがある。そこではストーリーテリングのみならず，コミュニケーションやリーダーシップ，協力や協同，同僚性や心理的安全性のことなどを学び合える時間にしている。

　しばしば参加者のなかから「私には想像力が足りない」とか「即興は難しい」という声が聞こえてくる。そんな時に，ぜひみなさんにやっていただきたい遊びがある。ちょっと広い場所を確保して，まずは２人で「見えない大縄」を回してみよう。そしてその回っている大縄のリズムを感じて，みんなで順番に見えない大縄を飛んでいく。だんだん見えないはずの大縄が見えてくる。本当はないはずの縄になかなか入れなくなる人もいる。誰かが飛んでいる様子を見て「本当に縄が見える！」と声に出す人がいたり，誰かが縄に引っかかったように見えたタイミングで「痛っ！」と声を上げた人もいた。そんなときに筆者は必ず「誰もが想像する力をもっている」ことを言葉で伝えることにしている。そして「この想像力を，今ここにいない人にも思いを馳せられる，そんなふうに使ってほしい」と伝えている。

　私たちの生活は，すべて即興なのかもしれない。もちろんよい保育をするためには，保育者は職場でしっかり様々な準備をする。保育者養成校でもたくさんのことを学ぶ。それがある上で，一緒にいる相手をよく見て，よく聞き，よく感じてそこにいると，がんばらなくてもすっと見えてくる道があるだろう。ぜひその道を信じて進んでみてほしい。遊んでいるなかで出てくる子どもたちのアイディアは実におもしろく，学生のみなさんや保育者の方々のアイディアも同様に素晴らしい。どうか自分の力を信じて，ちょっとの勇気をもって自分のアイディアや考え，気持ちを人に伝えるということをして，仲間と一緒に楽しく実践していってもらいたい。

■第1章 ─────────────────────────────────────

秋田喜代美（2009）．保育の心もち．ひかりのくに．

秋田喜代美（監修），東京大学大学院教育学研究科附属発達保育実践政策学センター（編著）（2019）．保育学用語辞典．中央法規出版．

カーソン，R.（著），上遠恵子（訳）（1996）．センス・オブ・ワンダー．新潮社．

平田智久・小林紀子・砂上史子（編）（2010）．保育内容「表現」．ミネルヴァ書房．

石川眞佐江（2013）．幼稚園教育要領における音楽活動の位置付けの歴史的変遷—領域〈音楽リズム〉から領域〈表現〉の転換を中心に．静岡大学教育学部研究報告〈教科教育学篇〉，44，pp.97-109.

北原保雄（編）（2010）．明鏡国語辞典（第二版）．大修館書店．

厚生労働省（2018）．保育所保育指針解説．

黒川健一・高杉自子（編）（1990）．保育内容表現．ミネルヴァ書房．

文部科学省（2018）．幼稚園教育要領解説．

永岡都（2000）．保育領域〈表現〉における音楽の意義と課題—公教育における幼児の音楽教育を再考する．日本音楽教育学会（編）音楽教育学研究2 音楽教育の実践研究．音楽之友社，pp.205-217.

内閣府・文部科学省・厚生労働省（2017）．幼保連携型認定こども園教育・保育要領．

日本保育学会（編）（1981）．写真集 幼児保育百年の歩み．ぎょうせい．

関信三（編）（1879）．幼稚園法二十遊嬉．青山堂．岡田正章（監修）（1977）．明治保育文献集第2巻．日本らいぶらり，pp.381-418.

島田由紀子・駒久美子（編著）（2019）．保育内容表現．建帛社．

新村出（編）（2018）．広辞苑（第七版）．岩波書店．

■第2章 ─────────────────────────────────────

Havighurst, R. J.（1953）．*Human development and education*. New York: Longmans.（荘司雅子（監訳）（1995）．人間の発達課題と教育．玉川大学出版部．）

厚生労働省（2008）．保育所保育指針．

厚生労働省（2018）．保育所保育指針解説．

鯨岡峻（2001）．個体能力論的発達観と関係論的発達観．発達，86，pp.17-24.

鯨岡峻（2002）．育てられる者から育てる者へ—関係発達の視点から．NHKブックス．

黒川建一（1998）．過程における豊かさを大切に．森上史朗（編）幼児教育への招待．ミネルヴァ書房，p.105.

黒川建一（編）（2004）．新・保育講座11 保育内容「表現」．ミネルヴァ書房．

森上史朗（2001）．最近における発達観の変化と保育．発達，86，pp.2-8.

森上史朗・浜口順子（2003）．幼児理解と保育援助．ミネルヴァ書房．

森上史朗・吉村真理子・飯島千雍子（編）（2004）．保育内容 表現．光生館．

長坂光彦（1989）．描画発達．森上史朗・高野陽・大場幸夫・秋山和夫（編）最新保育用語辞典．ミネルヴァ書房，p.197.

西原彰宏（2001）．育つということ．大場幸夫・柴崎正行（編）新・保育講座 障害児保育．ミネルヴァ書房，pp.17-32.

大場幸夫（編）．保育者が出会う発達問題—育ちと育ての日々．フレーベル館，pp.8-35.

高森義文（編）（2004）．保育内容シリーズ 音楽．一藝社．

勅使千鶴（2001）．子どもの発達とあそびの指導．ひとなる書房．

吉村真理子（2001）．「発達段階」から「発達の過程」へ．発達，86，pp.9-16.

●Column 2 ─────────────────────────────────

中塚幹也（2013）．学校の中の「性別違和感」を持つ子ども—性同一性障害の生徒に向き合う．JSPS日本学術振興会 科学研究費助成事業23651263.

■第3章 ─────────────────────────────────────

今川恭子（監修），志民一成ほか（編著）（2016）．音楽を学ぶということ—これから音楽を教える・学ぶ人のために．教育芸術社．

石川眞佐江（2020）. 幼児の生きる文脈と歌. 今川恭子（編著）わたしたちに音楽がある理由―音楽性の学際的探究. 音楽之友社, pp.274-288.

日本赤ちゃん学会（監修）, 小西行郎ほか（編著）（2016）. 乳幼児の音楽表現―赤ちゃんから始まる音環境の創造. 中央法規出版.

小川容子・今川恭子（2008）. 音楽する子どもをつかまえたい―実験研究者とフィールドワーカーの対話. ふくろう出版.

志村洋子（2020）. はじまりは「歌い合い」. 今川恭子（編著）わたしたちに音楽がある理由―音楽性の学際的探究. 音楽之友社, pp.184-195.

●Column 3

Eckerdal, P. & Merker, B.（2009）. 'Music' and the 'action song' in infant development: An interpretation. In S. Malloch & C. Trevarthen（Eds.）*Communicative musicality: Exploring the basis of human companionship*（pp.241-262）. Oxford University Press.（山本寿子（訳）（2018）. 乳児の発達における「音楽」と「遊び歌」: 解釈. 根ケ山光一ほか（監訳）絆の音楽性―つながりの基盤を求めて. 音楽之友社, pp.231-250.）

今川恭子（2016）. 音楽環境としての「手遊び・指遊び」. 日本赤ちゃん学会（監修）, 小西行郎ほか（編著）乳幼児の音楽表現―赤ちゃんから始まる音環境の創造. 中央法規出版, pp.78-79.

今川恭子（2020）. 音楽性の発達的な変化―第一次的音楽性から第二次的音楽性へという仮説. 今川恭子（編）わたしたちに音楽がある理由―音楽性の学際的探究. 音楽之友社, pp.196-208.

石島このみ（2020）. マルチモーダルな身体接触遊びが持つ意味. 今川恭子（編著）わたしたちに音楽がある理由―音楽性の学際的探究. 音楽之友社, pp.65-80.

Malloch, S. & Trevarthen, C.（2009）. *Communicative musicality: Exploring the basis of human companionship*. Oxford University Press.（根ケ山光一ほか（監訳）（2018）. 絆の音楽性―つながりの基盤を求めて. 音楽之友社.）

■第4章

厚生労働省（2017）. 保育者保育指針.

内閣府・文部科学省・厚生労働省（2017）. 幼保連携型認定こども園教育・保育要領.

文部科学省（2017）. 幼稚園教育要領.

岡本依子・菅野幸恵・塚田-城みちる（2004）. エピソードで学ぶ 乳幼児の発達心理学―関係のなかでそだつ子どもたち. 新曜社.

■第5章

秋田喜代美（監修）, 東京大学大学院教育学研究科附属発達保育実践政策学センター（編著）（2019）. 保育学用語辞典. 中央法規出版.

厚生労働省（編）（2018）. 保育所保育指針解説.

■第6章

Bargones, J. Y. & Werner, L. A.（1994）. Adults listen selectively; Infants do not. *Psychological Science*, 5(3), pp.170-174.

Johnstone, K.（1999）. *Impro for storytellers*. Routledge.

金光威和雄（1979）. 楽器学入門―オーケストラの楽器たち. 音楽之友社.

鴻上尚史（2011）. 演技と演出のレッスン―魅力的な俳優になるために. 白水社.

Murray Schafer, R.（1977）. *The tuning of the world*. Random House Inc.（鳥越けい子ほか（訳）（1986）. 世界の調律―サウンドスケープとはなにか. 平凡社.）

嶋田容子・志村洋子・小西行郎（2019）. 環境音下における幼児の選択的聴取の発達. 日本音響学会誌, 75(3), pp.112-117.

スポーリン, V.（著）, 大野あきひこ（訳）（2005）. 即興術―シアターゲームによる俳優トレーニング. 未来社.

# 索　引

## 執筆者一覧

■**編集委員**——民秋　言（白梅学園大学名誉教授）

　　　　　　　小田　豊

　　　　　　　栃尾　勲

　　　　　　　無藤　隆（白梅学園大学名誉教授）

　　　　　　　矢藤　誠慈郎（和洋女子大学）

■**編 著 者**——杉山　貴洋（白梅学園大学）

　　　　　　　花原　幹夫（白梅学園短期大学名誉教授）

【**執筆者**（執筆順）】

| | |
|---|---|
| 花原　幹夫（編著者） | 第1章1節，第5章4節 |
| 杉山　貴洋（編著者） | 第1章2節，第2章2節・3節，第3章1節， |
| | 第4章1節，第6章1節，Column 1 |
| 島田由紀子（國學院大學） | 第1章3節，第4章4節 |
| 長井　覚子（白梅学園短期大学） | 第1章4節，第3章3節，Column 3 |
| 小松　歩　（白梅学園短期大学） | 第2章1節，Column 2 |
| 佐藤　文　（白梅学園短期大学） | 第2章2節，第4章2節 |
| 山本由紀子（白梅学園大学） | 第2章2節，第6章3節 |
| 田中　葵　（千葉明徳短期大学） | 第3章2節，第5章1節 |
| 馬場　千晶（昭和学院短期大学） | 第3章4節，第5章3節，第6章4節 |
| 岡本　拡子（高崎健康福祉大学） | 第3章5節，第4章3節，第5章2節， |
| | Column 5 |
| 森田ゆかり（金城大学短期大学部） | Column 4 |
| 直井　玲子（東京学芸大学） | 第6章2節，Column 6 |

編著者紹介

**杉山貴洋**（すぎやま・たかひろ）
　　　武蔵野美術大学造形学部視覚伝達デザイン学科卒業
　　現　在　白梅学園大学こども学部発達臨床学科教授
〈主　著〉『美しい未来を創る子どもたち』（共著）美育文化協会，2019年


**花原幹夫**（はなばら・みきお）
　　　武蔵野美術大学造形学部視覚伝達デザイン学科卒業
　　現　在　白梅学園短期大学名誉教授
〈主　著〉『保育内容「表現」（アクティベート保育学11）』（編著）ミネルヴァ書房，2020年

新 保育ライブラリ　保育の内容・方法を知る

## 保育内容 表現 ［新版］

| | |
|---|---|
| 2009年 3 月30日　初　版第 1 刷発行 | 定価はカバーに表示 |
| 2020年 2 月20日　初　版第 6 刷発行 | してあります。 |
| 2024年 1 月20日　新　版第 1 刷発行 | |

編 著 者　　　　杉 山 貴 洋
　　　　　　　　花 原 幹 夫
発 行 所　　㈱北大路書房

〒603-8303　京都市北区紫野十二坊町12-8
電　話　(075) 4 3 1 - 0 3 6 1(代)
Ｆ Ａ Ｘ　(075) 4 3 1 - 9 3 9 3
振　替　0 1 0 5 0 - 4 - 2 0 8 3

©2024　　　　　　　　　印刷・製本／創栄図書印刷㈱
検印省略　落丁・乱丁本はお取り替えいたします
ISBN978-4-7628-3244-4　　　　Printed in Japan

# 新 保育ライブラリ

子どもを知る／保育の内容・方法を知る／保育・福祉を知る／保育の現場を知る

■編集委員■　民秋　言・小田　豊・栃尾　勲・無藤　隆・矢藤誠慈郎
A5判・160〜230頁・本体価格 1800〜2000 円

平成29年告示「幼稚園教育要領」「保育所保育指針」「幼保連携型認定こども園教育・保育要領」対応

---

保育の内容・方法を知る
## 保育内容　健康 ［第3版］

花井忠征・野中壽子　編著
A5判・208頁・本体価格 1800 円

子どもの健康や発達をめぐる課題が多様化
する中，豊かな心としなやかな身体を育て，
社会化を支援するための学びを網羅した一
冊。

保育の内容・方法を知る
## 保育の計画と評価

北野幸子　編著
A5判・224頁・本体価格 1900 円

カリキュラムの内容，その計画と評価の意
義と実践の仕方を概説。記録に親しみ，記
録を大いに活用できる力量を形成するため
に。

---

保育・福祉を知る
## 社会福祉 ［第3版］

李木明徳　編著
A5判・216頁・本体価格 2000 円

保育士としておさえておきたい社会福祉の
知識や方法を，豊富な資料と事例からわか
りやすく解説。最新の法改正を踏まえた改
訂版。

保育・福祉を知る
## 子育て支援

李木明徳　編著
A5判・208頁・本体価格 1900 円

保育士の行う保育の専門性を背景とした
「子育て支援」の特性と展開について，豊
富な資料や実践事例等を通してわかりやす
く解説。

---

保育の現場を知る
## 保育所実習 ［新版］

民秋　言・安藤和彦・米谷光弘・中西利恵・
大森弘子　編著
A5判・164頁・本体価格 1800 円

認定こども園，SNSの扱い方，保小連携
等の項目を追加。指導案例や確認のポイン
トなどを新規に収録。内容が一層充実した
改訂版。

保育の現場を知る
## 幼稚園実習 ［新版］

民秋　言・安藤和彦・米谷光弘・上月素子・
大森弘子　編著
A5判・176頁・本体価格 1800 円

認定こども園，子育て支援，幼小連携，障
がいをもつ子どもとの関わり等を追加。Q
＆Aで学生の疑問を解決する好評書の改訂
版。